AF550696

ÜBER DIE AUTORIN

Elke Clörs ist gebürtige Darmstädterin. Sie war zehn Jahre in der Redaktion einer medizinischen Tageszeitung tätig, bevor sie ihr Talent lange Zeit als leidenschaftliche Inneneinrichterin für ein großes Möbelhaus einsetzte. Sie verbringt sehr viel Zeit auf ihrer Lieblingsinsel Ibiza, wo die Familie einen Ferienwohnsitz hat. Dort unterstützt sie mit ihren kreativen Ideen ihre Tochter, die vor ein paar Jahren nach Ibiza ausgewandert ist. Auf Ibiza und Mallorca entstehen so ihre Insel- & Lifestyle-Kochbücher, da sie hier interessante, kreative Menschen aus aller Welt kennenlernt. Wegen ihrer großen Tierliebe und dem Leid der Straßenkatzen hat sie sich den Traum von einer eigenen Tierschutzorganisation erfüllt, für die sie aktiv auf Ibiza im Einsatz ist.

Elke Clörs

So bunt isst Mallorca

INSELGESCHICHTEN
UND REZEPTE

Fotos von Stefan Clörs
Design & Layout von Simone Ruths

Hölker Verlag

Inhalt

Unsere Route
JARDINS D'ALFABIA
BINISALEM
CAPDEPERA
ARTA
S'ARRACO ANDRATX
GÈNOVA
PALMA
PORT D'ANDRATX
BENDINAT
ES LLOMBARDS

Vorwort

Es ist einige Zeit vergangen, seit mein erstes Mallorca-Buch „Viva Mallorca“ 2018 erschienen ist. Diese wunderbare Insel hat so viele Geschichten zu erzählen, dass es höchste Zeit für einen zweiten Band wird! Mein Mann und ich lieben Mallorca und reisen für die Shootings und Interviews gemeinsam quer über die Insel. Das ist immer eine große Freude! Die meisten Shootings für dieses Buch fanden im Hochsommer statt, was uns vor einige Herausforderungen stellte: Rekordtemperaturen knapp unter 40 °C sind auch für Haare und Makeup nicht gerade optimal und bei der Foodfotografie ist große Eile angesagt, denn die schönen essbaren Blüten zur Dekoration verwelken schneller, als man sie auf den Teller bringen kann.

Glücklicherweise konnten wir während der Arbeit an diesem Buch das kleine Fischerhäuschen unserer Freunde Susanne Bähre und Sebastian Goder nutzen, die ich in meinem ersten Mallorca-Buch porträtiert habe. Als Schauspieler und Produzenten waren die beiden im Sommer an unterschiedlichen Drehorten unterwegs, sodass das Häuschen für uns zur Verfügung stand. Wir lieben Portixol, denn das ehemalige Fischerdorf liegt nahe des Flughafens und zum Fährhafen ist es auch nicht weit. Man kann sogar mit dem Fahrrad bis nach Palma fahren. Das Meer liegt direkt vor der Haustür und auf der Promenade herrscht schon morgens um 6 Uhr reger Verkehr. Wenn ich als Frühaufsteherin mit meiner ersten Tasse Kaffee auf der kleinen weißen Bank vorm Haus sitze, rennen die ersten Jogger an mir vorbei und die Berufstätigen folgen auf dem Fahrrad. Manchmal werde ich auch von dem leisen Singsang der Yogalehrer wach, die ihre ersten Kurse zum Sonnenaufgang abhalten. Später kommen die Touristen auf ihren Fahrrädern vorbei und gegen Abend verwandelt sich die Promenade in eine Flaniermeile für verliebte Paare und Familien mit Kindern. Hunde werden ausgeführt und man sieht auch viele freundliche ältere Menschen, die gemütlich Hand in Hand die Promenade entlangschlendern. Mehrmals in der Woche wird Swing getanzt oder Jugendliche studieren Tanz-Choreografien ein, manchmal auch auf Rollerblades. Das bunte Treiben ist mehr als kurzweilig und besser als jede Fernsehsendung. Wenn ich allerdings lieber Ruhe möchte, verziehe ich mich nach hinten in den schönen stilvollen weißen Patio und relaxe, schreibe oder sticke. Der Ort ist einfach ideal für uns!

Wie immer habe ich auch für dieses Buch ausschließlich Menschen aus meinem Freundes- und Bekanntenkreis porträtiert, denn es sind die ganz persönlichen Geschichten, die mich interessieren. Fast alle engagieren sich sozial, sei es für Umwelt, Mensch oder Tier oder einfach da, wo es nötig ist. Der Tierschutz spielt im Leben vieler meiner Bekannten eine Rolle. Ich selbst habe eine eigene Tierschutzorganisation in Deutschland gegründet, die den Straßenkatzen auf Ibiza hilft.

Da sich viele meiner Freunde vegan oder vegetarisch ernähren und mir das Thema am Herzen liegt, sind die Rezepte in diesem Buch rein pflanzlich. Wenn keine veganen Zutaten im Haus sind, können sie aber im Handumdrehen angepasst werden.

Vielen ist Mallorca nur als Partyinsel bekannt – durch ein Missverständnis sind wir Anfang April in einem Hostel direkt am Ballermann gelandet und sahen leider viele Klischees bestätigt. Umso mehr liegt uns daran zu zeigen, dass die berüchtigte Partymeile nur einen ganz kleinen Teil der Insel ausmacht: Mallorca hat so viele zauberhafte Plätze zu bieten und es war uns eine große Freude, diese zusammen mit all diesen liebenswerten Menschen zu entdecken.

Ich liebe die Landschaft Mallorcas, die kleinen Städte und Dörfer und besonders die Wochenmärkte, auf denen man frische Produkte von der Insel kaufen und traditionelles oder modernes Kunsthandwerk und Mode bestaunen kann. Die Verschiedenheit der Regionen, das Tramuntana-Gebirge und die endlosen Strände mit den unzähligen Freizeitmöglichkeiten der Insel lassen mein Herz hüpfen. Ganz besonders verliebt bin ich in Palma, die Hauptstadt der Insel mit ihrer imposanten Kathedrale und den kleinen Gassen. Sie ist einfach wunderschön und ganz besonders in der Weihnachtszeit, wenn sie im Glanz der vielen Lichter erstrahlt, macht es Spaß die Beleuchtung zu bewundern und ein paar Weihnachtseinkäufe zu tätigen. Nicht unerwähnt möchte ich an dieser Stelle trotzdem einige Dinge lassen, die mich traurig stimmen: So würde ich ein Verbot der Pferdekutschen sehr begrüßen, denn bei größter Hitze kommt das Tierwohl hier häufig zu kurz. Auch ist Palma gerade wieder zur „Stierkampfstadt“ ernannt worden, was für mich unfassbar ist.

Dennoch liebe ich Mallorca, seine Menschen und die paradiesische Landschaft dieser so besonderen Insel. Ich hoffe Euch gefallen all meine Geschichten und die tollen Fotos, die kleine Einblicke in das Leben der Porträtierten geben. Meinen Leserinnen und Lesern wünsche ich ganz viel Spaß mit diesem wunderbaren Buch, beim Nachkochen der köstlichen Rezepte und beim Genießen! Und wer weiß – vielleicht sehen wir uns ja schon ganz bald auf Mallorca!

Eure

Elke Clörs

PORT D'ANDRATX

Sabine

Sabine Klingebiel habe ich 2017 während eines Fotoshootings für mein erstes Mallorca-Buch kennengelernt. Wir waren hierfür zu Gast bei Sonja Ariel von Staden in Port d'Andratx. Die kleine exklusive Hafenstadt liegt im Südwesten von Mallorca vor einer malerischen Gebirgskulisse und ist bekannt für ihren luxuriösen Yachthafen und die vielen noblen Einkaufsmöglichkeiten, sei es im Bereich Mode, Schmuck oder Kunst. Als wir am Nachmittag für einige weitere Fotos von der Umgebung einen Spaziergang durch den Ort unternahmen, schlug Sonja einen Besuch bei Sabine in ihrem Geschäft „Puerto de Raya" vor. Sie hatte schon des Öfteren mit ihr über unsere handgemachten Pullover aus recycelter Baumwolle gesprochen und Sabine war interessiert daran, diese in ihr Sortiment aufzunehmen. Es war Hochsaison auf Mallorca und dementsprechend viel Betrieb im Geschäft, aber dennoch fanden wir genügend Zeit, um uns kurz kennenzulernen und alles zu besprechen. Wir waren uns auf Anhieb sympathisch. Noch am gleichen Tag konnte man unsere Pullover sogar gemeinsam mit meinem Ibiza-Buch dort erwerben.

Als jetzt – sechs Jahre später – mein zweites Mallorca-Buch in Arbeit war, stand fest, dass Sabine ein Teil davon sein sollte. Also machten wir uns im heißen Juli 2023 auf den Weg nach Port d'Andratx. Ein Fotoshooting bei weit über 30 Grad ist eine große Herausforderung für alle Beteiligten. Insbesondere die Foodfotografie war problematisch, denn jede kleine frische Blüte, die zur Dekoration verwendet wurde, verwelkte schneller als wir sie auf den Teller bringen konnten. Dennoch meisterte Sabine alles ganz souverän und wirklich stressfrei, was bei diesen Temperaturen nicht selbstverständlich ist. Man merkt der gebürtigen

Hamburgerin an, dass sie so schnell nichts aus der Ruhe bringen kann. Nur so hat sie auch ihre Auswanderung 2018 mit nur 2.100 Euro in der Tasche und ohne genauen Plan meistern können. Es war eine ganz spontane Entscheidung, aber die Sehnsucht nach der Baleareninsel war schon immer groß, denn Sabine kennt und liebt Mallorca seit ihrer Kindheit. Die Familie verbrachte fast alle Ferien in der Gegend von Palmanova und schon immer träumte Sabine von einem Leben auf Mallorca.

In Deutschland war sie mehrere Jahre Inhaberin eines eigenen Kosmetik- und Wellnessstudios in Steinhude-am-Meer, in dem sie ihre Kunden verwöhnte. Als gelernte Visagistin bot sie zusätzlich ganz besondere neue „Mutter und Tochter“-Schminkseminare an, die zahlreich gebucht wurden. Auch ihre Ausbildung zur Heilpraktikerin und die Tatsache, dass sie eine leidenschaftliche Verkäuferin ist, trugen zu ihrem Erfolg bei. 1993 kam ihre Tochter Diandra zur Welt, die im Mai 2023 selbst Mutter der zauberhaften kleinen Melina wurde. Sabines Sohn Leif wurde 1996 geboren. Als sie nach einem Burn-out den Entschluss fasste, ihr Leben radikal zu ändern, war Diandra schon mitten im Studium und wollte dieses in Deutschland beenden. So flog Leif alleine mit seiner Mutter nach Mallorca. Für beide stand fest, dass sie nicht lange untätig sein wollten und konnten. Zunächst lebten sie günstig in einer Wohngemeinschaft und Leif ging sofort zur Schule. Es war keine deutsche Privatschule, sondern eine staatliche spanische und obwohl er zu diesem Zeitpunkt kein Wort Spanisch konnte, meisterte er diese Herausforderung mithilfe von ganz viel Fleiß, Ehrgeiz und seiner Leidenschaft für Sprachen. Sabine bewarb sich als Verkäuferin in einem großen Einkaufszentrum in Palma und schon nach wenigen Tagen verkaufte sie im Eingangsbereich Kosmetikprodukte. Durch ihr umfassendes Wissen über die Branche und ihr besonderes verkäuferisches Talent war sie bald unentbehrlich. Mit ihren internationalen Kollegen, die nicht nur aus Spanien, sondern auch aus Kuba, Peru und Bulgarien kamen, bildete sie ein tolles Team, was sich lange bewährte.

Nach ungefähr fünf Jahren bekam sie das Angebot, als Mitarbeiterin in einer Boutique in Port d'Andratx tätig zu werden, das sie ohne lange zu zögern annahm. Doch schon kurze Zeit später entdeckte sie bei einem Bummel durch die Gassen eine kleine Casita, die zur Vermietung stand. Das war das, was sie sich schon lange wünschte: Sie wollte endlich wieder ihren eigenen Laden besitzen! Der Vertrag wurde geschlossen und ihr bester Herzensfreund, der auch ein toller Designer ist, verwirklichte mit ihr zusammen ihre Vorstellungen von einem eigenen kleinen Geschäft. Das war ungefähr ein halbes Jahr, bevor ich Sabine kennenlernte. Inzwischen hat sich ihr Geschäft etabliert, in dem sie hauptsächlich die kleinen Designer und vor allem viele spanische Firmen unterstützt. Das liegt ihr sehr am Herzen. Sie verlässt auch selbst niemals ein einheimisches Geschäft ohne nicht mindestens eine Kleinigkeit gekauft zu haben. Das ist ihr Dank an die Insel, auf der sie so glücklich ist – und auf der sie ihre Heimat gefunden hat.

Privat wohnt sie inzwischen zurückgezogen in den Bergen von Andratx. Nach nur 20 Minuten Autofahrt erreicht man ihr neues Heim, eine 600 Jahre alte mallorquinische Finca, aus der sie eine Wohlfühloase gezaubert hat. Selbst der kleine Patio zeigt ihren guten Geschmack für Stoffe und Design. Hier lebt sie mit netten Nachbarn, mit Hühnern, ihren beiden frei fliegenden Kanarienvögeln und ihren Hunden Rudi und Shanti. Diandra hat ihren Lebensmittelpunkt mit ihrer kleinen Familie nach wie vor in Deutschland. Ihr Bruder Leif wohnt mit seiner Lebensgefährtin weiterhin nicht weit von Sabine entfernt auf der Insel.

Die Temperatur im Patio jetzt im Juli ist trotz der großen Hitze angenehm zu ertragen. Wir lassen uns nach dem Interview und Fotografieren der Gerichte das leckere und gesunde sommerliche Menü von Sabine schmecken und sitzen noch bis in die späten Abendstunden beim Schein der Laternen zusammen an diesem magischen und wundervollen Ort, wo man in absoluter Stille nur den Geräuschen der Natur lauschen kann. Genau das ist es, was Sabine sich gewünscht hat.

Frischer Meeresbrisensalat

Für 2-4 Personen | Hauptgericht oder Beilage

ZUTATEN

Für den Salat:
½ kalte Wassermelone
1 großer Romanasalat (alternativ anderen Kopfsalat)
2 kleine grüne Spitzpaprika

Für das Dressing:
½ Noriblatt
100 ml Olivenöl
1 EL Apfelessig
1 EL Tamari Sojasauce
½ TL Kala-Namak-Salz
1 Prise Rohrzucker
Saft einer großen Zitrone
1 gestr. TL Tahini
Salz & Pfeffer

ZUBEREITUNG

Das Noriblatt erst in Streifen, dann in ca. ½ cm große Rechtecke schneiden (funktioniert am besten mit einer Schere). Alle weiteren Dressing-Zutaten in einem Mixer leicht schaumig schlagen und dann in eine größere Schale füllen. Das zerkleinerte Noriblatt hineingeben, umrühren und alles 1-2 Stunden beiseitestellen.

Für den Salat die Wassermelone in ca. 2 cm große Stücke schneiden, diese ins Dressing geben, vorsichtig unterheben und in den Kühlschrank stellen. Nach 20 Minuten noch einmal mischen. 1-2 Stunden ziehen lassen.

Salat und Spitzpaprika putzen, die Paprika von Samen und Scheidewänden befreien und beim Salat die äußeren Blätter entfernen. Salat und Paprika in mundgerechte, nicht zu kleine Stücke schneiden. Die marinierte Melone aus dem Kühlschrank nehmen, noch einmal vorsichtig alles durchmischen und 3 EL von den Melonenstückchen zum Anrichten beiseitestellen. Nun den Salat und die Paprika zu den restlichen Melonenstücken geben, unterheben und mit Salz und Pfeffer abschmecken. Dann die zuvor beiseite gestellten marinierten Melonenstücke zur Dekoration über den Salat geben.

Dieser Salat ist herrlich erfrischend und bekommt durch das Dressing eine leicht „fischige“ Note.

Lasagne aus dem Wok

Für 2-4 Personen (je nach Hunger) | Hauptgericht

ZUTATEN

3 große Fleischtomaten
1 große Zucchini
2 kleine grüne Spitzpaprika
1 mittelgroße rote Zwiebel
3 EL Olivenöl
½ TL Meersalz
1 geh. TL vegane Instantgemüsebrühe (idealerweise ohne Palmfett)
½ EL Rohrzucker
4 EL Tomatenmark
frisch gemahlener Pfeffer
3-4 Lasagneblätter (z.B. glutenfreie Linsenlasagne)
1 EL Balsamicoessig
80–100 g veganer Schafskäse aus Cashewkernen (alternativ normaler, milder Schafskäse)
1 Handvoll frische Basilikumblätter
Salz

Außerdem:
1 großer Wok mit Deckel

ZUBEREITUNG

Das Gemüse putzen, die Tomaten in Scheiben schneiden und vom Strunk befreien.

Zucchini in dünne Scheiben schneiden. Die Paprika von Samen und Scheidewänden befreien und in mundgerechte Stücke schneiden. Die Zwiebel in Ringe schneiden.

Den Wok auf den Herd stellen, Öl hineingeben und die Zwiebeln darin bei niedriger Temperatur glasig braten. Langsam 350 ml Wasser zufügen und anschließend Salz, Gemüsebrühe, Zucker und Tomatenmark einrühren und mit frisch gemahlenem Pfeffer abschmecken. Die Temperatur erhöhen, bis alles leicht köchelt.

Das Gemüse dazugeben und umrühren. Nun die Lasagneblätter nebeneinander leicht überlappend in den Wok legen und etwas runterdrücken, sodass sie leicht versinken.

Den Deckel für ein paar Minuten auf den Wok legen und ab und an testen, ob die Lasagneblätter gar sind. Wenn die Blätter weich, aber noch bissfest sind, diese vorsichtig mit zwei Löffeln herausnehmen und mit etwas Soße auf einen großen Teller legen.

Etwas Balsamicoessig zum Gemüse im Wok geben, die Soße vorsichtig vermengen und mit Salz und Pfeffer abschmecken.

Nun auf einem großen Teller nacheinander etwas Gemüse mit Soße anrichten, darauf ein Lasagneblatt geben, etwas Schafskäse darüber krümeln und in dieser Reihenfolge weiter verfahren, bis alles aufgebraucht ist. Einzelne Basilikumblätter zwischen den Schichten verteilen. Das Ganze mit Gemüse und Käse abschließen und mit den restlichen Basilikumblättern dekorieren.

Nach Belieben mit Salz und frischem Pfeffer nachwürzen.

Protein-Bananenbrot

Für 4 Personen | Kuchen

ZUTATEN

4 reife Bananen
250 ml Kokosjoghurt (alternativ 300 ml Pflanzenmilch nach Wahl)
2 EL Mehl (z.B. Teffmehl)
1 EL Kakao
1 EL Chagapulver (alternativ Reishipulver)
1 EL veganes Proteinvanillepulver
50 ml Sonnenblumenöl
1 EL Kokosflocken
1 Prise Salz
1 TL Natron

Für die Garnitur:
5 Datteln
Bio-Erdnussbutter (ohne Palmfett)
frische Minze nach Belieben

ZUBEREITUNG

Die Bananen mit dem Joghurt (oder der Pflanzenmilch) in den Mixer geben und pürieren. Mehl, Kakao, Chagapulver, Proteinpulver und das Öl zugeben. Dann die Kokosflocken zugeben und alles auf hoher Stufe mixen. Zum Schluss Salz und Natron zugeben.

Eine kleine Kastenform aus Silikon mit Öl einstreichen und den Teig hineingeben. Den Backofen auf 180 °C vorheizen. Die Datteln entkernen und der Länge nach in jeweils 4 Spalten schneiden. Diese auf den Teig geben und leicht eindrücken. Den Kuchen etwa 30 Min. im Ofen backen. Die Datteln sollten leicht karamellisiert sein. Das Protein-Bananenbrot herausnehmen und etwas abkühlen lassen. Anschließend vorsichtig aus der Form lösen, etwas Erdnussbutter darübergeben und mit Minze garnieren.

BINISSALEM

Tanya

Tanya Klingler und ich kommen beide aus Südhessen, genauer aus dem Odenwald. Dieser ist bekannt für seinen ganz eigenen Dialekt, durch den man sich gleich verbunden fühlt. So ging es uns jedenfalls, als wir uns das erste Mal zufällig auf Mallorca begegneten. Bis dahin kannten wir uns nur aus sozialen Netzwerken, aber jetzt tauschten wir gleich unsere Nummern aus und beim nächsten Mallorcabesuch lernten wir uns näher kennen – natürlich beim Hair Styling.

Tanya ist gelernte Hairstylistin in der vierten Generation und hat ihren Meisterbrief als Beste im Rhein-Main-Gebiet abgeschlossen. Schon als Kind hatte sie eine Vorliebe fürs Frisieren – ihre Puppen waren die ersten Models und wurden nach den neuesten Trends gestylt und frisiert. Sie hat dieses Handwerk quasi in die Wiege gelegt bekommen und startete mit dieser Leidenschaft ihre berufliche Laufbahn. Sie sammelte Erfahrungen bei verschiedenen Salons und war ein paar Jahre in Darmstadt für ein internationales Kosmetikunternehmen tätig, das auf Haarpflegeprodukte und Friseurbedarf spezialisiert ist. Diese Arbeit war sehr abwechslungsreich, denn sie konnte die Bühnenshows für Frisuren quer durch Deutschland begleiten und sehr viele interessante Menschen in der Hair & Makeup-Branche kennenlernen. Bei einem Shooting für Frisuren und für ein bekanntes Brillenlabel in München übernachtete Tanya bei einer Kundin. Spät am Abend am Abend saßen die beiden bei einem Glas Wein auf dem Balkon. Beim Blick in den Himmel sah Tanya eine Sternschnuppe und wünschte sich spontan, von jetzt an nicht mehr nur Haare zu stylen, sondern auch als Hair & Makeup Artist zu arbeiten.

Ihr Wunsch ging ziemlich schnell in Erfüllung. Sie kündigte ihre Festanstellung 1993 und machte sich selbstständig. Durch ihre langjährige Berufstätigkeit verfügte sie über viele Kontakte und insbesondere von neuen Models kamen immer mehr Anfragen nach einem tollen Styling für eine Model-Sedcard. Auch Shootings für Kataloge, Events und Hochzeiten kamen hinzu. Es folgten zwanzig erfolgreiche Jahre, in denen Tanya fast die ganze Welt bereiste. Sie arbeitete für namhafte Kataloge, oft auch mit internationalen Models, war bei Musikvideos und Werbedrehs dabei und lernte viele Prominente kennen. Sie flog für Aufträge nach Kapstadt, New York, Miami, Paris, Marbella, Israel, London, Finnland – die Liste ist lang, aber auch auf ihrer Lieblingsinsel Mallorca war sie immer wieder für Events und Hochzeiten gebucht. Oft schrieb sie dann in ihr Tagebuch, wie gerne sie einfach dortbleiben würde. Das Schicksal sollte ihr bald auch hier zur Hilfe kommen. Noch lebte sie im Rhein-Main-Gebiet in einem schönen Haus, was ihr als Rückzugsort nach einer langen Reise diente. Als der Mietvertrag irgendwann auslief, beschloss sie, ihr Zuhause auf die Baleareninsel zu verlegen. Glücklicherweise ergab sich die Möglichkeit, längerfristig in dem Apartment leben zu können, das sie schon zuvor bei Aufenthalten auf Mallorca genutzt hatte. Also zog sie im Jahr 2000 nach Mallorca. Für ihre berufliche Tätigkeit war der Wohnort irrelevant, solange es einen Flughafen gab, der gute Flugverbindungen zu ihren Auftragsorten anbot.

Ab 2014 veränderte sich nach und nach die Branche durch das Internet, besonders die Arbeit mit den großen Versandhauskatalogen wurde weniger. Für Tanya ein neuer Wendepunkt, denn sie musste weniger reisen – und genau das wollte sie auch gar nicht mehr. Zwanzig Jahre fliegen, Jetlags und ein Leben aus dem Koffer waren genug. Und schließlich gab es in ihrer Branche auch auf der Insel ausreichend Möglichkeiten, Geld zu verdienen.

Privat hatte sie in der Zwischenzeit eine wunderschöne kleine Finca gefunden mit Solarstrom und eigenem Brunnen inmitten der Weinfelder in der Nähe von Binissalem. Davon hatte sie immer geträumt: Ein einfaches Leben auf dem Land, mit viel Ruhe und ihren beiden geretteten Straßenhunden Rata und Tara. Für das echte Landleben bekam sie alsbald noch drei Hühner geschenkt, die auch sofort Namen bekamen: Elsa, Fritzi und Laura durften in ein gemütliches Hühnerhaus mit eigener Wiese ziehen und stolzieren auch mal gerne über die Terrasse. Und da Tanya wie ich auch eine große Tierliebhaberin ist, fanden noch drei Straßenkätzchen ein Zuhause bei ihr. Mr. Big, Floh und Gigi leben in Harmonie mit den Hunden und den Hühnern. Gegenüber der Finca sieht man Schafe und Pferde grasen und man hat einen herrlichen Blick in die Weinfelder. Tanya ernährt sich überwiegend vegetarisch und ausschließlich von Produkten aus Mallorca, kauft frisch auf Märkten und in Kooperativen ein, wo auch Waschpulver und Seifen aus eigener Herstellung angeboten werden. In Großmärkten trifft man

sie nicht. Sie kauft kein Obst aus Übersee oder Erdbeeren im Winter. Wenn möglich, soll alles aus biologischem Anbau stammen. Sie liebt das einfache gesunde Essen ohne viel Chichi und deshalb wurden wir zu Pesto, Pasta und Rotwein eingeladen.

Wir trafen uns Ende Juli zum Shooting auf Mallorca. Als wir gegen 14 Uhr eintrafen, zeigte das Thermometer über 35 Grad. Selbst der Minipool konnte jetzt keine Abkühlung mehr bieten. Tanya kam mit ihren frischen Einkäufen vom Markt zurück und wir nutzten die Gelegenheit, gemeinsam in der kühlen Küche die verschiedenen Pestos zuzubereiten. Tanya hatte auch viel frisches Obst und Gemüse zum sofortigen Verzehr und so viele interessante Delikatessen aus Mallorca mitgebracht – sogar die Erdnüsse mit Schale stammten aus regionalem Anbau. Wir hatten genügend Gesprächsstoff und konnten natürlich auch ein wenig über unsere Zeit in der alten Heimat reden. Am frühen Abend deckten wir den Tisch draußen auf der Terrasse, kochten die Spaghetti zu unserem Pesto und genossen das leckere Essen mit einem Glas Rotwein von der Insel. Es ist ein schöner Ort der Stille, der alles bietet, was man braucht. Tanya möchte hier nicht mehr weg, sie hat keine Lust auf Reisen oder Ortswechsel. Inzwischen bietet sie neben Shootings bei Events und Hochzeiten einen Homeservice für Fincas und Villen an. Oft stylt sie auch Prominente auf Mallorca für Auftritte oder auch fürs Fernsehen. Bei Tanya bekommt man das Rundum-Paket: Haare, Makeup und Fotografie. Das ist eines ihrer anfänglichen Hobbies, die sie über die Jahre hinweg zum Beruf gemacht hat. Wenn sie Zeit hat, legt sie mittlerweile auch gerne noch als DJane auf. Langeweile kennt sie weder im Sommer noch im Winter. Sie lebt ganzjährig auf der Insel und geniest die Ruhe, die Schönheit der Natur, die Dörfer und das Meer. Sie mag keine langfristigen Pläne, der Weg ist ihr Ziel. Denn wie sie richtig sagt: „Das Leben kann morgen ein anderes sein."

Wir essen und reden an diesem Abend, bis es dunkel wird, und ich schaue mir voller Neugier und Interesse ihr großes Fotoalbum an, in dem ich viele Prominente entdecke, denen ich auch gerne mal begegnet wäre. Man sieht, mit wie viel Spaß, Freude und Professionalität sie ihrer Arbeit nachgeht. Hier wurde der Beruf zur Berufung, das ist vollkommen klar. Umso besser, dass Tanya auch davon leben kann. Natürlich ist das trotzdem nicht immer einfach und in den Zeiten der Pandemie hatte es diese Branche ganz und gar nicht leicht. Auch auf Mallorca blieb man nicht davon verschont. Aber auch diese schwere Zeit hat sie mit viel Ehrgeiz und Disziplin überstanden. Alles ist wieder im Lot und sie ist dankbar und zufrieden! Träume hat sie dennoch: Sie würde gerne als Selbstversorgerin auf einer richtigen Farm mit vielen Tieren und einem Garten mit eigenem Gemüse und Heilpflanzen leben. Aber so abwegig ist dieser Wunsch ja nicht, oder? You never know!

Pestō Pesto

Menge jeweils für ein großes Marmeladenglas

TOMATEN-PAPRIKA-PESTO

Zutaten
1 Glas getrocknete Tomaten in Öl
(das ganze Glas mit dem Öl verwenden)
1 mittelgroße reife Fleischtomate
¼ frische rote Paprika
50 g Walnüsse
15 g Hefeflocken
20 ml Olivenöl
Kräutersalz

TANYAS „SIMPLE LIFE“-PESTO

Zutaten
2 große EL Pinienkerne
1 Bund Rucola
8 Blätter Basilikum
1 geschälte Knoblauchzehe
1 TL Kapern
1 EL grüne Oliven ohne Stein
15 g Hefeflocken
etwas frischer Zitronensaft
Salz und Pfeffer nach Bedarf

ERDNUSSPESTO „PINK“

Zutaten
50 g Erdnüsse ungesalzen
1 Rote Bete, vorgekocht
1 TL frischer oder getrockneter Rosmarin
50 ml Rapsöl
1 EL weißer Balsamicoessig
1 TL Dattelsirup
15 g Hefeflocken
Salz und frisch gemahlener Pfeffer
evtl. Einweghandschuhe wegen des starken Abfärbens

ZUBEREITUNG

Die Erdnüsse, Walnüsse oder Pinienkerne immer zuerst in einer Pfanne ohne Fett anrösten. Das Gemüse oder die Kräuter waschen und etwas zerkleinern. Danach alle Zutaten bis auf die Nüsse oder Kerne im Mixer zu einer cremigen Masse verarbeiten oder in einem hohen Gefäß mit dem Pürierstab durchmixen. Zum Schluß die gerösteten Nüsse oder Kerne zugeben und mit Salz und Pfeffer abschmecken.

Diese Pestos eignen sich auch
hervorragend als Brotaufstrich.
Für Nicht-Veganer einfach
die Hefeflocken durch
Parmesan ersetzen.

S'ARANJASSA

Joachim

und Familie

Bei dem Wort Bilderbuchfamilie kommt mir sofort Familie Bähre in den Sinn: Aneta und Joachim, die beiden Töchter Carlotta und Maria sowie Ossito und Cookie, die kleinen mallorquinischen Rateros. Hier wird Herzlichkeit großgeschrieben, so wie wir es schon von Joachims Schwester Susanne Bähre und ihrem Mann Sebastian Goder kennen, die ich in meinem ersten Mallorcabuch porträtiert habe. Auf deren Hochzeit auf Mallorca haben wir Joachim kennengelernt und als wir erfuhren, dass er Profikoch ist, stand sofort fest, dass er mit seiner Familie Teil meines zweiten Mallorcabuchs sein soll.

Im Hochsommer 2023 war es dann endlich so weit. Wir erreichten Familie Bähre schon früh morgens an einem sehr heißen Tag im Juli und begannen nach einer liebevollen Begrüßung und einem kleinen Kaffee sofort mit dem Shooting des Familienfotos, denn man konnte sich unmöglich lange im Freien aufhalten. Dennoch entstanden trotz dieser unfassbar hohen Temperaturen wunderschöne Gute-Laune-Fotos und Joachim war erleichtert, als er endlich wieder in seiner Küche „untertauchen“ konnte. Aneta und ich deckten mit den Kindern den Tisch, fügten noch etwas Deko hinzu und hatten Zeit für ausgiebige Gespräche. Währenddessen überraschte uns Joachim mit einem kleinen Gruß aus der Küche zum sofortigen Verzehr. Aneta füllte mehrmals Karaffen mit eiskaltem Wasser auf und gab zum Aromatisieren frische Früchte und Kräuter hinzu. Das Ehepaar legt viel Wert auf eine gesunde Ernährung mit frischen Produkten von der Insel. Ich habe mir für mein neues Buch endlich einmal nur vegane Rezepte gewünscht und für Joachim war das überhaupt kein Problem. Da er beruflich fast immer für eine große Anzahl Menschen kocht, die unterschiedliche Ernährungsgewohnheiten haben, ist abwechslungsreiches und kreatives Kochen seine Leidenschaft. Egal ob Fleisch, Fisch, vegetarisch, vegan, laktosefrei – er versucht jeden Wunsch seiner Gäste zu erfüllen.

Bei ihm waren schon fast alle: Claudia Schiffer, Heidi Klum, Boris Becker, Uwe Ochsenknecht, Helmut Kohl und Helene Fischer – um wirklich nur ganz wenige zu nennen. Bei einem Staffelfinale von „Germanys Next Topmodel" mit Heidi Klum auf Palma de Mallorca waren über 800 Menschen an der mobilen Küche seines Cateringunternehmens zu Gast. Auch beim DFB-Mannschaftsquartier Danzig-Genf sorgte er für das leibliche Wohl und war für Mercedes-Pressefahrten in ganz Europa unterwegs. Auf die Geschäftsidee eines Cateringunternehmens für Film, Fernsehen & Events brachte ihn seine Schwester Susanne, die schon viele Jahre beim Film beschäftigt ist. Joachim hat 1992 seine klassische Kochausbildung abgeschlossen und war im Anschluss vier Jahre in Baden-Baden in einem renommierten Hotel tätig, zuletzt als Küchenchef. Während seines Dienstes bei der Bundeswehr in Bruchsal nutzte er die Zeit für eine Ausbilderprüfung, um selbst Köche ausbilden zu dürfen. Er war gerade mal 24 Jahre alt, als ihn seine Schwester Susanne 1996 um Hilfe bat. Sie benötige für einen Dreh des ZDF in München dringend einen Caterer fürs Filmset. Achim hatte weder Ahnung von diesem Metier noch einen Foodtruck, aber da er ein sehr guter Koch war, stellte ihn Susanne dennoch der Produktionsleitung vor. Und so kam es relativ schnell zur Gründung seiner Firma mit dem passenden Namen „Hollyfood"!

Bei seinem ersten Einsatz in München musste er noch viel improvisieren. Glücklicherweise konnte er sich in der Großküche zweier Kolleginnen einmieten, die er von anderen Events kannte. Dort wurde nun alles vorgekocht, danach belud Joachim seinen VW Bulli mit den Speisen, Tischen und Bänken und fuhr zum Drehort. Das alles machte ihm so viel Freude, dass er schon zwei Jahre später mit seinem eigenen Foodtruck unterwegs war. Joachim lebte zu der Zeit zwar in München, aber seine Buchungsanfragen kamen von überall, sodass er ständig unterwegs war. Als es längerfristige Aufträge für Drehorte in Norddeutschland gab, zog er kurzerhand nach Hamburg – und zwar mitten nach Sankt Pauli in eine große Wohnung im 6. Stock ohne Fahrstuhl. Die Wohnung wurde schnell zur Anlaufstelle für viele Mitarbeiter aus seinem Team und er war fast nie alleine, manchmal wohnten 6 oder 8 Personen bei ihm. Es war ein ständiges Kommen und Gehen. Er liebte Sankt Pauli

und all seine Menschen und als er an einem freien Tag gemütlich in einer Straßenkneipe saß, lernte er genau dort seine große Liebe kennen.

Aneta wurde in Polen geboren, wo sie auch ihr Abitur machte und ein Soziologie-Studium abschloss. Während des Studiums besuchte sie am Wochenende meist ihre Mutter in Hamburg. Eines Tages hatte sie aber noch einen Termin und war auf der Suche nach der angegebenen Adresse, als ihr der attraktive Mann mit den weißen Ibiza-Klamotten auffiel, der in der Sonne saß und einen Kaffee trank. Spontan beschloss sie, ihn um Hilfe zu bitten. Daraus ergab sich eine längere Unterhaltung und der Austausch der Telefonnummern. Das war im Jahr 2009. Kurze Zeit später waren die beiden ein Liebespaar. Aneta war von da an natürlich öfter bei Joachim zu Gast und wurde zur guten Fee der Wohnung, in der durch die ständige Fluktuation oft Chaos herrschte. Diese Wohnsituation änderte sich, als Aneta ein Jahr später dort einzog. Bald darauf stand der erste gemeinsame Urlaub an. Joachim wollte Aneta unbedingt so schnell wie möglich seinen Eltern vorstellen und so fuhren sie mit dem Auto Richtung Andalusien, wo diese gerade in ihrem kleinen Feriendomizil zu Gast waren. Gemeinsam mit Joachims Eltern verbrachten sie ein paar schöne Tage.

Es wunderte niemanden, als die Mitteilung kam, dass sie Nachwuchs erwarteten. Da Aneta unmöglich während ihrer Schwangerschaft in einer Wohnung im 6. Stock ohne Aufzug leben konnte, beschlossen die beiden umzuziehen. Also ging es nach Hamburg-Kirchwerder in ein Haus aufs Land. 2011 kam ihre Tochter Carlotta Sofia zur Welt. In der Zwischenzeit heirateten sie und die kirchliche Trauung fand mitten in Sankt Pauli statt. Als sich Aneta in ihrem weißen Brautkleid und Joachim im Smoking zu Fuß auf den Weg zu Ihrer Hochzeitsparty machten, die auf einem Schiff am Hafen stattfand, wurden sie von Passanten beglückwünscht und gefeiert. 2013 wurde ihre zweite Tochter Maria Monika geboren. Mit zwei Kindern konnte Aneta ihren Mann nun nicht mehr auf seinen Reisen begleiten, wie sie es noch mit der kleinen Carlotta getan hatte. Somit kümmerte sie sich während Joachims Abwesenheit überwiegend alleine um die beiden.

Im Jahr 2000 hatte Joachim einen Cateringauftrag auf Mallorca und verliebte sich in die Insel. Seine Schwester Susanne hatte schon länger ein kleines Domizil hier in ihrer zweiten Heimat gefunden, wo sie sich mit ihrem Mann für eine kleine Auszeit zurückziehen konnte. Als Joachim immer öfter Aufträge aus Mallorca erhielt, mietete die Familie eine kleine Ferienwohnung, damit Aneta und die Kinder Joachim nach Mallorca begleiten konnten. Als 2017 die zweite Mieterhöhung für ihr Haus in Deutschland kam, beschlossen sie nach längerem Überlegen ganz nach Mallorca zu ziehen. Da Carlottas Einschulung bevorstand, gab es keinen Grund zu warten, und der Zeitpunkt fühlte sich richtig an. Beide hatten sich längst in die Vielseitigkeit der Insel verliebt und waren begeistert von den vielen Sonnentagen und den Freizeitmöglichkeiten. Die Ferienwohnung diente als Übergangslösung, doch als beide Kinder schulpflichtig wurden, zogen sie in eine mallorquinische Finca auf dem Land in S'Aranjassa. Schon bald gesellten sich zwei Hunde aus dem Tierschutz dazu, wie das bei fast allen tierlieben Menschen im Süden der Fall ist. Auch die Hühner ließen nicht lange auf sich warten. Die Finca verfügt über reichlich Platz inklusive Gästezimmer für Verwandte und Freunde. Für die heißen Sommermonate steht eine zum Pool umfunktionierte alte Balsa zur Verfügung – so nennt man die ehemaligen Wasserbecken, die man vielerorts bei Häusern auf den Balearen findet. Joachim ist beruflich bedingt leider oft wochenlang an Drehorten in Europa unterwegs. Aneta wird es aber nicht langweilig, die Pflege der Finca und des Gartens verschlingt viel Zeit. Dazu kommen die täglichen Fahrten der Kinder zu diversen Aktivitäten außerhalb der Schule und die Büroarbeit für „Hollyfood". Zusätzlich engagiert sich Aneta auch hier gerne für soziale Aktivitäten in der Schule, wie sie es auch schon in Deutschland getan hat. Alle sind vollkommen integriert und die Mädchen haben viele Freunde und zahlreiche Interessen. Wenn alle Schulsachen erledigt sind, besuchen sie oft ihre Nachbarin, die einige Pferde hat. Dort dürfen sie im Gegenzug für ihre Hilfe im Stall reiten. Carlotta und Maria sprechen Deutsch, Polnisch, Englisch, Spanisch und Mallorquin und schon das alleine ist ein Grund, weshalb sich die Auswanderung gelohnt hat. So viele Sprachen zu beherrschen, ist unbezahlbar und bietet im späteren Berufsleben unzählige Möglichkeiten.

Alle möchten für immer bleiben, Mallorca ist zu ihrer Heimat geworden. Hier sind sie richtig glücklich, was man sehen und spüren kann. Natürlich gibt es einen Wehmutstropfen bei diesem Leben, denn Joachim würde gerne viel mehr Zeit zuhause mit seiner Familie verbringen. Er träumt davon, ein paar Tiny Houses zu bauen und diese für Feriengäste zur Verfügung zu stellen. Aneta hingegen hat ganz andere Vorstellungen, wenn die Mädchen irgendwann mal ihre eigenen Wege gehen. Sie möchte lieber zusammen mit Joachim in einem Wohnmobil durch Europa reisen, an Plätze, die sie noch nie gesehen hat.

Carlotta weiß mit ihren zwölf Jahren schon, dass sie Schauspielerin werden möchte – vielleicht kommt das aber auch durch die Film- und Fernseharbeit ihrer Lieblingstante Susanne, zu der die Kinder ein inniges Verhältnis haben. Aber da gibt es ja auch noch ihre Leidenschaft für Pferde, also bleibt es spannend. Maria ist inzwischen zehn Jahre alt und ihr Herz schlägt für Akrobatik. Voller Ehrgeiz besucht sie zwei Mal die Woche eine Akademie für Artistik und samstags bekommt sie zusätzlich noch Privatunterricht. Vielleicht sehen wir ja auch Maria später beim Film oder Fernsehen. Die beiden sind jedenfalls ganz zauberhafte Mädchen, auf die man als Eltern mächtig stolz sein kann. Ich wünsche allen nur das Beste und freue mich schon auf ein Wiedersehen und auf das leckere Essen von Joachim!

Kaltes Gurkensüppchen

Für 6 Personen | Vorspeise

ZUTATEN

Für die Suppe:
2 Salatgurken
½ weiße Gemüsezwiebel
1 Knoblauchzehe (Größe nach Belieben)
Saft von einer halben Zitrone
½ l Gemüsebrühe (selbst gemacht oder aus dem Glas)
1 TL Salz

Außerdem:
frischer Dill nach Belieben
frisch gemahlener Pfeffer
Mixer oder Pürierstab

ZUBEREITUNG

Die Gemüsebrühe mind. 1 Stunde vor Zubereitung der Suppe kalt stellen. Die Salatgurken schälen, längs halbieren und das Kerngehäuse mit einem Teelöffel entfernen. Die Gurken klein schneiden und in ein hohes Gefäß geben. Zwiebel und Knoblauch schälen und in kleine Würfel schneiden. Zusammen mit dem Zitronensaft und dem Salz zu den Gurken geben, alles mit der kalten Gemüsebrühe auffüllen und kräftig pürieren. Die Suppe idealerweise noch einmal im Kühlschrank durchziehen lassen, dann in kleine Gläser füllen oder auf tiefe Tellern verteilen und vor dem Servieren nach Belieben mit frischem Dill und frisch gemahlenem Pfeffer garnieren.

Das perfekte Rezept an heißen Sommertagen – und auch im Urlaub in der Ferienwohnung leicht zuzubereiten!

Couscoussalat mit gebratenem Chicorée und Granatapfel

Für 6 Personen | Vorspeise

ZUTATEN

Für den Salat:
1 mittelgroße Karotte
1 Zucchini
1 kleine Aubergine
1 rote Paprika
½ rote Zwiebel
Olivenöl
1 TL Tomatenmark
100 ml lieblicher Rotwein
100 g Kichererbsen (frisch gekocht oder aus dem Glas)
300 g Couscous
400 ml Gemüsebrühe
2 Chicorée
1 Granatapfel
Salz

Außerdem:
grüner Spargel nach Belieben
größere Pfanne

ZUBEREITUNG

Karotte, Zucchini und Aubergine waschen, putzen und in kleine Stückchen schneiden. Die Paprika waschen, von Samen und Scheidewänden befreien und ebenfalls klein würfeln. Die Zwiebel schälen und fein hacken. In einer größeren Pfanne das Gemüse in Olivenöl anschwitzen, dann das Tomatenmark zugeben, unterrühren und anrösten, mit Rotwein ablöschen und kurz einköcheln lassen. Danach die Kichererbsen und den Couscous zugeben und alles mit Gemüsebrühe auffüllen. 5 Minuten weiterköcheln lassen und danach weitere 5 Minuten ziehen lassen. Der Couscous sollte nun eine fluffige Konsistenz haben. Vorm Anrichten alles vorsichtig durchmengen.

In der Zwischenzeit den Strunk vom Chicoréesalat entfernen und die losen Blätter abzupfen. Den Granatapfel halbieren und die Kerne herauslösen. In einer Pfanne die einzelnen Salatblätter von beiden Seiten in Olivenöl leicht bräunlich anbraten.

In der Mitte eines Tellers den Couscoussalat anrichten und die Blätter ringsherum garnieren. Die Granatapfelkerne über die Blätter streuen. Nach Belieben eine Prise Salz auf die Salatblätter geben.

Wer möchte, kann noch ein paar grüne Spargelstangen anbraten und auf dem Salat anrichten.

Gemüse-Paella

Für 6 Personen | Hauptgericht

ZUTATEN

Für die Paella:
50 g Möhren
50 g Staudensellerie
50 g grüne Bohnen
50 g Paprika
50 g Erbsen (TK)
500 g Rundkornreis
Olivenöl
1 TL Kurkuma
1 Zitrone
200 ml halbtrockener Weißwein
2 l Gemüsebrühe

Für die Garnitur:
1 Dose Artischockenherzen (alternativ aus dem Glas)
1 kleine rote Paprika
1 Bio-Zitrone
frische Petersilie

Außerdem:
Paellapfanne oder eine andere sehr große Pfanne

ZUBEREITUNG

Das Gemüse bis auf die Erbsen waschen, putzen, klein schneiden und in einer Paellapfanne in Olivenöl anschwitzen. Die Erbsen jetzt zusammen mit dem Reis dazugeben, alles mit gemahlener Kurkuma bestäuben und umrühren. Dann den Saft einer Zitrone mit der Gemüsebrühe und dem Weißwein mischen und nach und nach zugeben. Das Gemüse ca. 18 Minuten leicht köcheln lassen, dabei zwischendurch umrühren. Die Pfanne von der Herdplatte nehmen und die Paella abschmecken.

Die Paella sollte schön saftig, aber nicht matschig sein, bei Bedarf noch etwas Gemüsebrühe hinzugeben. Nun die Artischockenherzen und die Zitrone in Viertel schneiden, die Paprika waschen, von Samen und Scheidewänden befreien und in dünne Streifen schneiden. Die Paella vor dem Servieren noch 3 Minuten durchziehen lassen und anschließend mit Artischocken, Zitronen und Paprika dekorieren und mit frischer Petersilie garnieren.

Klassische Rote Grütze aus Joachims Heimat

Für 6 Personen | Süßspeise

ZUTATEN

Für die Rote Grütze:
500 g Beerenmischung TK
150 g Zucker
200 ml lieblicher Rotwein
1 kleiner Schuss Rum nach Belieben
1–2 EL Reismehl

Für die Kokossahne:
1 Dose Kokosmilch
50 g Vanillezucker

Für die Garnitur:
rote Beeren, Obst oder frische Minzblätter

ZUBEREITUNG

Die Kokosmilch mindestens einige Stunden, am besten aber über Nacht in den Kühlschrank stellen.

Die Beerenmischung mit Zucker, Rotwein und nach Belieben mit einem kleinen Schuss Rum in einen Topf geben und kurz aufkochen. Reismehl mit etwas Wasser in einer Tasse glattrühren und die Beeren damit etwas abbinden, bis eine cremige Konsistenz entsteht. Die Grütze nun sofort vom Herd nehmen.

Für die Kokossahne die gekühlte Kokosmilch aus dem Kühlschrank nehmen, die feste Creme in ein hohes Rührgefäß geben, das Kokoswasser wird nicht benötigt. Den Vanillezucker zugeben und mit dem Mixer aufrühren.

Die Grütze in kleine Gläser geben, mit der Kokossahne garnieren und mit Beeren, etwas Obst oder frischer Minze dekorieren.

Man kann die Grütze kalt oder auch warm servieren.

Natürlich kennt man die klassische „Rote Grütze" aus dem Norden mit Vanillesoße oder Eis, aber diese vegane Variante schmeckt einfach köstlich!

CAPDEPERA

Elke

Capdepera ist ein kleines historisches Dorf ca. 8 km von Artà entfernt. An jedem Mittwoch findet hier vormittags der Wochenmarkt statt. Ich liebe Märkte und während wir an einem schönen Sommertag 2018 gemütlich durch die Gassen gingen, fiel uns ein besonders schönes Geschäft auf. Die Schaufenster waren maritim gestaltet, große Fische aus Metall zierten den Eingang und die Wände. Die Fenster und Türen rahmten Lamellentüren in Türkis und das große blaue Schild mit dem Namen TORTUGA zeigte eine Schildkröte. Bei diesem Anblick hüpfte mein Shoppingherz vor Freude und machte es mir unmöglich, daran vorbeizugehen! Der Besuch lohnte sich auf jeden Fall: Das wunderschöne Geschäft befindet sich in einem großen umgebauten mallorquinischen Stadthaus, verfügt über zwei Etagen und einen gemütlichen Innenhof, in dem sich das kleine „Café Margarita“ befindet.

Trotz der vielen Menschen an diesem Markttag machten wir gleich Bekanntschaft mit den freundlichen Inhabern Elke und Markus Dombrowski. Bei einem kurzen Gespräch stellten wir ihnen unser neues Mallorcabuch vor und fragten spontan, ob sie es in ihrem Geschäft verkaufen würden. Das Buch war eine wunderbare Ergänzung zu ihrem großen Sortiment: Von Outdoormöbeln über Tischwäsche, Handtücher, Dekoartikel für drinnen und draußen bis zu allerlei schönen Dingen fürs Kinderzimmer findet man im „Tortuga“ alles, was das Herz begehrt. Ein besonderer Hingucker ist die tolle bunte Keramik von „Grün & Form“ aus Münster in Deutschland. Diese hier zu finden, hat mich besonders überrascht und begeistert, denn mit Münster bin ich durch meine Zusammenarbeit mit dem Hölker Verlag eng verbunden.

Wir aßen an diesem Tag noch ein köstliches Stück mallorquinischen Mandelku-

chen und tranken eine Tasse Kaffee – der übrigens auch aus einer kleinen Rösterei in Münster stammt – und von da an besuchten wir Elke und Markus regelmäßig, wenn wir auf Mallorca zu Gast waren. Dann kam Corona und wir mussten unsere Reiseaktivitäten einstellen, aber wir blieben weiter in Kontakt. Eines Tages erhielten wir jedoch die sehr traurige Nachricht, dass Markus verstorben war.

Als wir uns nun im August 2023 zum ersten Mal wieder auf Mallorca trafen, saßen wir also alleine mit Elke im Innenhof und jetzt erst erfuhren wir etwas über ihr bisheriges Leben. Ich hatte ihr geschrieben, dass ein zweites Mallorcabuch in Arbeit ist und ich sie darin gerne vorstellen möchte. Sie freute sich sehr darüber und hatte auch gleich das passende Rezept für uns: ihre köstlichen Zitronen-Rosmarin-Kekse, die sie auch im Café anbietet.

Elke und Markus stammen beide aus Münster, sie absolvierte ein Studium für bildende Kunst in Essen und unterrichtete anschließend an einem Gymnasium. Markus arbeitete im Reiseunternehmen seiner Familie, welches auch christliche Pilgerreisen anbot. Während längerer Aufenthalte seiner Familie in Rom besuchte Markus als Kind sogar einen italienischen Kindergarten. Beide hatten eine starke Affinität zu Italien, obwohl sie durch den Familienbetrieb fast die ganze Welt bereist hatten. Auch ihre Hochzeit 1985 feierten sie daher in einer kleinen Kapelle in Assisi. Die Geburten ihrer beiden Töchter Ramona 1987 und Fabiana 1990 vervollständigten ihr Glück. Eigentlich wäre niemand verwundert gewesen, wäre die Familie irgendwann nach Italien ausgewandert. Aber nachdem beide viele Reisen nach Mallorca unternommen hatten, verliebten sie sich in die Schönheit der Natur und in die Menschen auf der Baleareninsel. Bei einem Spaziergang mit Freunden in Capdepera führten diese sie zu einer spontanen Besichtigung eines wunderschönen Stadthauses. Die Besitzerin war leider verstorben, die Erben wollten es nicht verkaufen und so stand es leer und war zur Vermietung ausgeschrieben. Elke, die Künstlerin, und Markus, der Kaufmann, fühlten sich in dem Moment sofort zu diesem Gebäude hingezogen. Hier sollte ein neuer Lebensabschnitt stattfinden!

Am 3. Mai 2015 wurde ihr Geschäft „Tortuga“ eröffnet. Das kleine „Café Mar-

RM Pf
Anker

garita“, benannt nach der ehemaligen Besitzerin und guten Seele des Hauses, wurde das Herzstück dieses Unterfangens. Bei meinem Besuch schaute ich mir mit Elke das Fotoalbum an, in welchem alle Umbaumaßnahmen dokumentiert waren. Zahlreiche Freunde und auch die Familie halfen damals mit. Besonders Markus war es, der mit seiner Fröhlichkeit und Herzlichkeit alle motivierte. Das „Tortuga“ ist zu einem kleinen Einkaufsparadies gewachsen; inzwischen gibt es noch eine kleine Galerie, in der Elke ihre Kunst ausstellt und zum Kauf anbietet. Im Patio, dem Innenhof, befindet sich außerdem die Fashion-Boutique einer befreundeten Argentinierin, die auch oft einspringt, wenn die beiden langjährigen Mitarbeiterinnen Hilfe benötigen. Das „Tortuga“ ist oft Anlaufstelle für Menschen aus der kleinen Gemeinde, die Fragen oder Probleme haben, und Elke unterstützt auch einige Hilfsprojekte finanziell.

Privat wohnt sie in einem Haus direkt am Meer in Canyamel und arbeitet natürlich als Geschäftsinhaberin so oft es geht in ihrem Laden. In ihrer Freizeit trifft sie am liebsten Freunde, geht joggen oder schwimmen und ist gerne mit ihrem Roller unterwegs. Im Sommer bleibt allerdings wenig Zeit für private Interessen; sie würde gerne noch viel mehr wandern, lesen oder malen. Das Geschäft bleibt ganzjährig geöffnet, in den Wintermonaten von November bis März allerdings nur vormittags. Elke verbringt den Winter in Münster, wo sie im eigenen Atelier künstlerisch tätig ist und Zeit mit ihren Töchtern und den vier Enkeln verbringt. Diese besuchen sie im Sommer allerdings auch so oft es geht auf Mallorca.

Im Moment ist Elke zufrieden mit ihrem Leben auf Mallorca und in Münster, sie kann sich aber auch vorstellen, in einigen Jahren mehr Zeit auf Mallorca zu verbringen. Das „Tortuga“ soll so lange wie möglich bestehen bleiben, auch als Andenken an Markus und dessen Traum. Es ist bestimmt nicht immer einfach, einen gemeinsamen Traum plötzlich alleine weiterzuleben. Dazu braucht man viel Kraft und Mut. Aber es tut gut, dass so viele liebe Menschen vorbeikommen, die den lebensfrohen und freundlichen Markus kannten und mit denen man mit einer Tasse Kaffee im Patio sitzen, das Hier und Jetzt genießen und in Erinnerungen schwelgen kann.

Zitronen-Rosmarin-Plätzchen

Für 1 Backblech | Gebäck

ZUTATEN

125 g vegane Butter (Zimmertemperatur)
100 g Zucker
3 TL Mandelmus
½ Päckchen Vanillezucker
1 Prise Salz
200 g Mehl
Abrieb von 1 Bio-Zitrone
2 große Zweige Rosmarin

ZUBEREITUNG

Die weiche Butter mit Zucker, Mandelmus, Vanillezucker und Salz im Mixer cremig schlagen, nach und nach das Mehl zugeben und alles zu einer homogenen Masse verarbeiten. Danach den Abrieb einer Zitrone sowie den fein gehackten Rosmarin zugeben und alles mit den Händen verkneten. Nun ca. 2 cm dicke und 20 cm lange Rollen formen, in Frischhaltefolie wickeln und 30 Minuten in den Kühlschrank legen. Den Backofen auf 160 °C (Umluft) vorheizen. Die Rollen aus dem Kühlschrank nehmen, in 0,5 cm dicke Scheiben schneiden und die Plätzchen auf das mit Backpapier ausgelegte Backblech legen. Eng aneinander gelegt, reicht diese Menge genau für ein Backblech. Die Plätzchen 12-15 Minuten backen, anschließend herausnehmen und auskühlen lassen.

In der Straße von Elkes wunderschönem Laden findet jeden Mittwochvormittag ein toller Wochenmarkt statt!

ES LLOMBARDS

Rosa und Claudio

Eigentlich bräuchte ich für die Geschichte von Rosa Asturias aus Barcelona und Claudio Bellezza aus Piemont in Italien ein eigenes Buch, denn es gibt einfach so viel über das spanisch-italienische Traumpaar zu erzählen, dass es mir wirklich schwerfällt, mich auf das Wesentliche zu konzentrieren. Am allermeisten beeindruckt mich aber das große soziale Engagement der beiden, sei es auf Mallorca oder im Winter in Indien.

Bei meiner ersten Begegnung mit Rosa 2017 im „Cal Reiet Holistic Retreat" in Santanyí war ich so gerührt, dass mir die Tränen kamen. Das einzigartige Hotel war schon Teil meines ersten Mallorca-Buches „Viva Mallorca". Die liebenswerten Inhaber, Petra und Henning Bensland, hatten uns für die Zeit des Shootings eingeladen im Hotel zu wohnen und wir durften zwei Tage lang diesen unfassbar tollen Ort genießen. Petra erzählte mir von Rosa, der guten Fee des Hauses, die jeden Tag früh morgens gut gelaunt mit ihrer Ente angefahren kam, um das köstliche Frühstücksbuffet für die Gäste zuzubereiten. Rosa sagte, sie täte das hauptsächlich, um ein Kinderheim in Indien finanziell zu unterstützen, welches sie und ihr Partner Claudio im Winter besuchen. Da ich die Rezepte für das Buch benötigte, ging ich direkt nach dem Frühstück zu Rosa in die Küche. Während wir alles aufschrieben, erzählte sie mir ein wenig von diesem Herzensprojekt und von ihrer dreimonatigen Reise, auf der sie und Claudio nicht nur gemeinsam Yoga praktizieren, sondern sich vor Ort aktiv um die Kinder kümmerten. Rosa verbrachte auch ein paar Tage im Haus von Mutter Teresa in Kalkutta, wo sie die Menschen bei ihrer Arbeit mit den Alten und Schwachen unterstützte, die alleine sind und zum Sterben von der Straße ins Heim gebracht werden. Dort werden sie gewaschen und liebevoll in die Arme genommen, um ihnen Trost zu spenden in den letzten Stunden. Rosa sagte, dass sie die indische Sprache zwar nicht verstehe, aber dass es letztendlich darum gehe zuzuhören. Ich weiß noch ganz genau, dass ich während sie das erzählte, gerade das Rezept für den Chiapudding aufschrieb und sie mir die Kokosmilch zeigte, die sie benutzte. Und ich fing an zu weinen. Das war wirklich eine sehr emotionale Geschichte und ich war traurig, dass ich kein Kapitel mehr frei hatte in meinem Buch. Schon damals nahm ich mir fest vor, beim nächsten Mallorca-Buch Rosa und ihren Partner Claudio zu porträtieren.

„Viva Mallorca" erschien 2018 und wir hatten eine große Präsentation mit Lesung im Cal Reiet, zu der sogar meine Verleger, Familie und Freunde nach Mallorca anreisten. Seitdem waren fünf Jahre vergangen, bis wir im Sommer 2023 Rosa und Claudio in ihrem wunderschönen Zuhause in Es Llombards besuchten. Die beiden sind seit fast 20 Jahren ein Paar und seit 2009 leben sie zusammen in ihrem „Casa del pueblo" mit einem zauberhaften mediterranen Garten und einem schönen Pool. Das Haus hat hohe Decken und große Fenster, die viel Tageslicht hineinlassen. Im Wohnzimmer befindet sich eine ganze Wand voller Bücher, darunter viele Kochbücher, denn Rosa ist eine leidenschaftliche Köchin, begeisterte Yogaliebhaberin und Heilpraktikerin. Auch eine eigene Yogashala ist auf dem Grundstück vorhanden, deren Wand in meiner Lieblingsfarbe Rosa gestrichen ist. Im Nebengebäude befindet sich Claudios Keramikwerkstatt.

Claudio kam nach Mallorca, nachdem er sich aus seinem Berufsleben in Italien verabschiedet hatte. Er wollte seinen Ruhestand auf der wunderschönen Insel genießen. Er liebte die Freiheit und Ruhe Mallorcas, spielte leidenschaftlich Golf, trug Polohemden und italienische Schuhe und lernte eines Tages Rosa kennen. Sie waren für viele Menschen ein sehr ungleiches Paar und zusätzlich noch mit einem großen Altersunterschied. Keiner konnte sich vorstellen, dass daraus eine so lange und intensive Liebesgeschichte werden würde, aber alle wurden eines Besseren belehrt. Die beiden sind ein sehr empathisches Paar mit großem Herz und vielen gleichen Interessen – und vor allen Dingen nie untätig. Rosa gibt Kochkurse auch außerhalb Mallorcas, kocht für Yogaretreats und hat viele ehrenamtliche Tätigkeiten. Unter anderem kocht sie einmal in der Woche in Palma für eine Organisation, die sozial schwache und obdachlose Menschen unterstützt.

eigene Werkstatt zuhause einrichtete. Mit Begeisterung entstanden Teller, Schalen, Schüsseln und Tassen mit glänzenden Glasuren in den verschiedensten Farben. Ab sofort wurden die köstlichen Gerichte von Rosa auf dem handgemachten Geschirr präsentiert. Da es mit der Zeit immer mehr wurde, organisierten sie in der Vorweihnachtszeit bei sich zuhause einen kleinen Pop-up-Store, bei dem alle Einnahmen aus dem Verkauf der Töpfereien einem Kinderheim in Indien zugutekamen. Diese Veranstaltung findet inzwischen jährlich statt und mit diesem Geld können dringend benötigte Dinge, wie Medikamente, Schulsachen,

Dort trifft sie viele Gleichgesinnte, die auch gerne Gutes tun und mit denen die Arbeit viel Freude bereitet.

Vor vier Jahren überraschte Rosa Claudio an seinem Geburtstag mit einer Fahrt zu einer Keramikwerkstatt, wo sie einen Töpferkurs für ihn gebucht hatte. Sie hatte keine Ahnung, ob er das mögen würde, fand aber, es wäre an der Zeit für Kreativität. Er war der einzige Mann unter vielen Frauen. Schon bald nahm er Einzelunterricht für Fortgeschrittene und war so begeistert von der Töpferei, dass Rosa ihm zu Weihnachten eine Töpferscheibe schenkte und Claudio sich seine

Lebensmittel und Kleidung, angeschafft werden, aber auch manchmal ein neuer Kühlschrank. Es wird einfach so vieles benötigt!

Bei dem Herzensprojekt handelt es sich um die Organisation eines guten Freundes, der vor vielen Jahren ein Grundstück in Indien kaufte, um sich etwas Eigenes aufzubauen. Aber es kam alles ganz anders! Eines Tages fand man einen kleinen, gerade geborenen Säugling auf dem Feld. Da die Waisenhäuser voll sind, nahm er das Kind auf und kümmerte sich liebevoll. Schon bald folgten weitere Kinder, Säuglinge und Kleinkinder, darunter viele Mädchen. Sie wurden einfach ausgesetzt, teilweise weil die Eltern total überfordert waren oder weil sie einfach nicht das Geld hatten, sie zu ernähren. Besonders die Geburt eines Mädchens bedeutet in Indien nach wie vor ein Unglück, denn sie muss eine Mitgift mit in die Ehe bringen. Oft ist es den Familien jedoch nicht möglich, diese Mitgift zu finanzieren. Auch Kinder von drogen- oder alkoholabhängigen Müttern wurden ausgesetzt. Es sprach sich schnell herum, dass da ein Mann war, der für sie sorgte. Aber natürlich braucht man dafür viel Geld und so wurde eine Hilfsorganisation gegründet (www.vanaprastha.it/ostello) um die Hilfe mit Spenden finanzieren zu können. Inzwischen ist daraus eine große Organisation geworden und wenn es euch interessiert, schaut euch gerne mal die Website an.

Einige Kinder leben dort, aber viele Kinder kommen auch oft von weit entfernten Dörfern, um hier in die Schule zu gehen. Sie sind so dankbar für jede Mahlzeit oder eine kleine Aufmerksamkeit und voller Motivation, lesen und schreiben

Puglia
Sri Lanka
Camboya
Australia
Vietnam
Laos
India del Sud
Indonesia
New Zealand
Tailandia
India del Nord
Thailandia
MALLORCA

zu lernen. Stühle oder Tische gibt es nicht, sie sitzen im Schneidersitz auf dem Fußboden und geschrieben wird auf den Knien. Wenn Rosa und Claudio im Winter mit den vielen tollen Schulsachen und Überraschungen im Gepäck ankommen, ist es ein großes Fest für die Kinder. Rosa kocht für alle und Claudio spielt Fußball oder sie wandern zu einem Platz, an dem sich glatte große Steine befinden, die die Kinder unter lautem Gelächter als Rutschbahn nutzen. Bei meinem Besuch bei Rosa und Claudio konnte ich ein paar Videos anschauen, die mir bewusstgemacht haben, wie dankbar die Kinder dort für die kleinsten Dinge sind, die für unsere Kinder hier ganz selbstverständlich sind.

Rosa und Claudio lieben ihre Reisen im Winter, aber ganz besonders ihr Leben auf Mallorca, die Natur und die Strände und die vielen Menschen aus der ganzen Welt, denen man mit Respekt und Toleranz begegnet. Dennoch würde Claudio auch weiterziehen, an einen anderen Ort, der weniger touristisch frequentiert ist, vielleicht in den Süden von Portugal, aber es muss ein Platz sein, an dem er weiterhin seine Keramik produzieren kann, um damit den Kindern in Indien zu helfen. Für Rosa spielt der Wohnort keine große Rolle, Hauptsache sie lebt mit Claudio zusammen und sie können ihre Kinder und Enkelkinder besuchen. Rosa hat zwei Kinder – ihre Tochter Laura und ihren Sohn Jordi – und auch schon zwei Enkelkinder. Auch Claudio hat zwei Töchter, Giulia und Laura, und vier Enkelkinder. Die ganze Familie und ihre vielen Freunde sind immer gespannt, was Claudio und Rosa neues einfällt und wohin es sie führt. Die beiden überraschen immer wieder mit ihren Taten, denn zur Ruhe setzt sich hier niemand. Immerhin bekam Claudio den Töpferkurs zu seinem 77. Geburtstag geschenkt, bei unserem Shooting im August war er 80 Jahre alt. Für September stand der Jakobsweg auf dem Plan und wie immer im Winter die Reise nach Indien. Ich hoffe jedenfalls sehr, beide nächstes Frühjahr zu meiner Buchpräsentation auf Mallorca wiederzusehen!

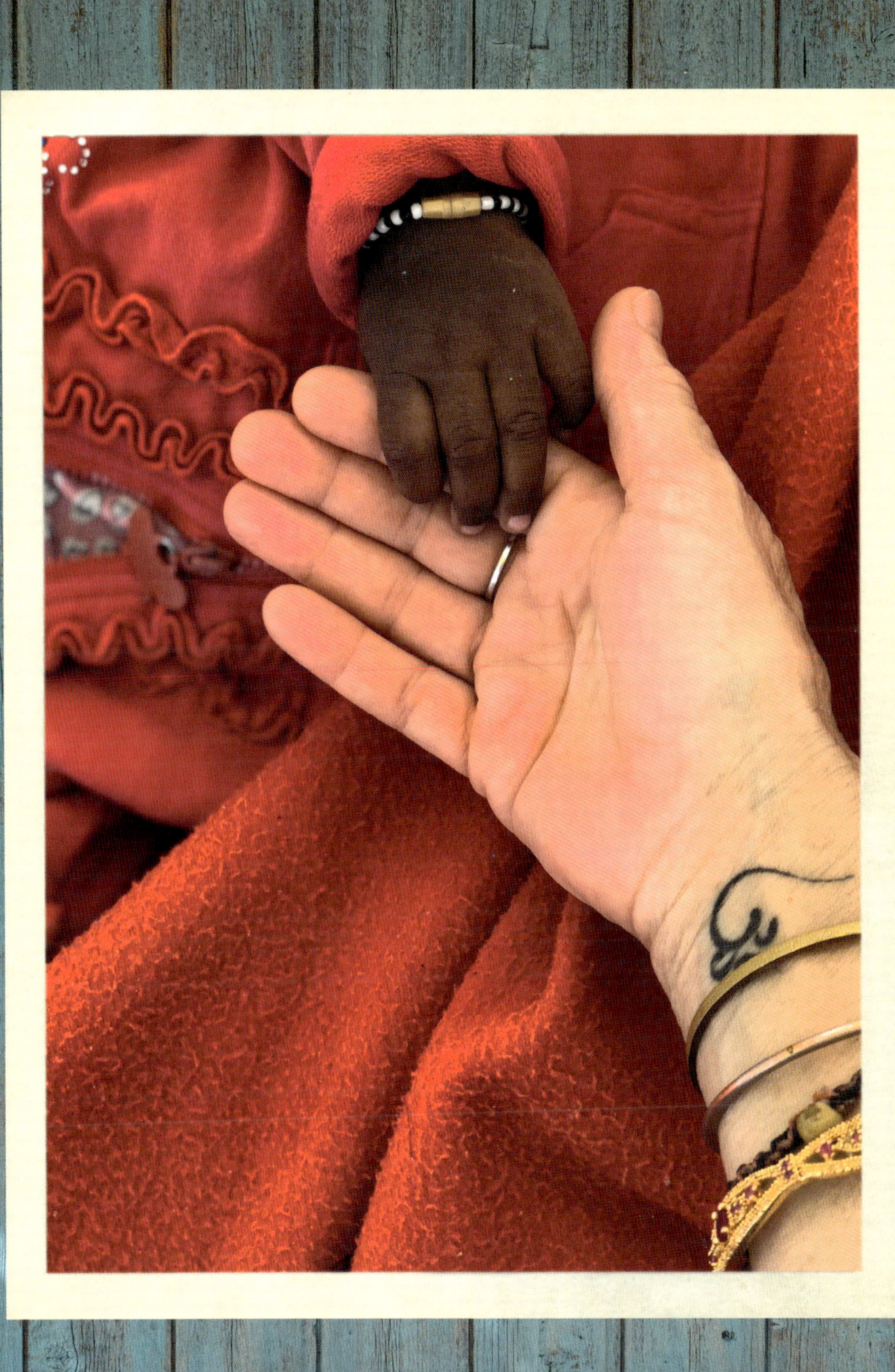

Porridge mit Früchten der Saison

Für 4 Personen | Süßspeise

ZUTATEN

2 Äpfel
4 Aprikosen
2 Pfirsiche
4 EL Blaubeeren
3 EL Bio-Kokosöl
1 Zimtstange
1 Stück Ingwer (1 cm)
2 EL Kokosblütenzucker
1 l Hafermilch
300 g Haferflocken
55 g geröstete Mandeln
½ TL Zimt
½ TL rosa Pfeffer
essbare Blüten
(zum Verzieren)

ZUBEREITUNG

Das Obst in kleine Würfel schneiden und beiseitestellen. Das Kokosöl in einem Topf erhitzen und die Apfelwürfel mit der Zimtstange und den gehackten Ingwer zufügen. Bei geringer Hitze 5 Minuten köcheln lassen.

Den Kokosblütenzucker, die Hafermilch und die Haferflocken zufügen und weitere 15 Minuten köcheln lassen.

Dann den Herd ausschalten und das Porridge in eine große Servierschüssel oder mehrere kleine Schüsseln geben. Das übrig gebliebene Obst, die Mandeln, das Zimtpulver und den rosa Pfeffer nach Belieben zugeben.

Kurz vor dem Servieren das Porridge mit den essbaren Blüten verzieren.

Mandel-Zucchini-Brot

Für 1 Brot | Hauptgericht oder Beilage

ZUTATEN

3 EL Leinsamen (gemahlen)
200 g Zucchini
2 EL Chiasamen
120 ml Mineralwasser
120 ml Olivenöl
210 g Buchweizenmehl
80 g Reismehl
40 g Haferflocken
3 EL Mandelmehl
1 EL Flohsamenschalen (gemahlen)
3 EL Kerne und Saaten
(z.B. Sonnenblumenkerne,
Kürbiskerne, Sesam)
1 EL getrockneter Oregano
oder getrocknetes Basilikum
½ TL Meersalz
eine Prise schwarzer Pfeffer
1 EL schwarze Sesamkörner

ZUBEREITUNG

Den Backofen auf 180 °C vorheizen. In einer kleinen Schüssel als Ersatz für die Eier die Leinsamen mit 9 EL Wasser mischen. (1 Ei = 1 Esslöffel gemahlener Leinsamen + 3 Esslöffel Wasser.) Mit einer Gabel verrühren und 10 Minuten quellen lassen, dabei ab und zu umrühren.

Die Zucchini fein raspeln, in eine Schüssel geben und die Chiasamen zugeben. Wenn alles gut vermischt ist, Mineralwasser und Olivenöl zugeben und verrühren. Das Leinsamen-„Ei" zufügen und sehr gut verrühren.

Buchweizenmehl, Reismehl, Haferflocken, Mandelmehl, Flohsamenschalen, Kerne und Saaten, getrocknete Kräuter, Salz und Pfeffer zusammen in eine große Schüssel geben und gut mischen.

Die flüssigen Zutaten zu den trockenen geben und mit einem Teigschaber verrühren. Sobald die Zutaten gut vermischt sind, die Mischung mit den eingeölten Händen kneten bis ein ebenmäßiger Teig entsteht.

Etwas Öl auf ein Backpapier geben, das Brot mit den Händen formen und mit einem Teigschaber fertig bearbeiten. Es muss eine gleichmäßige Form ohne Lufteinschlüsse entstehen. Alternativ kann das Brot auch in eine Kastenform gegeben werden.

Die Oberfläche mit einem Messer mehrfach einschneiden, um das Brot zu verzieren, einige Sesamkörner darüber streuen und 1 Stunde backen.

Auf einem Kuchengitter abkühlen lassen, damit sich kein Kondenswasser auf der Unterseite des Brotes bildet. Sobald das Brot vollständig ausgekühlt ist, in Scheiben schneiden.

Avocado-Mayonnaise

Für 4 Personen | Dip

ZUTATEN

1 mittelreife Avocado
2 EL Wasser
2 EL Olivenöl
3 EL Zitronensaft
⅓ TL Salz
1 Prise schwarzer Pfeffer

ZUBEREITUNG

Die Avocado entsteinen, das Fruchtfleisch herauslösen und zusammen mit allen anderen Zutaten pürieren, bis eine glatte Masse entsteht.

In eine Schüssel umfüllen und mit frischen Kräutern und rosa Pfefferkörnern oder gerösteten Buchweizenkernen garnieren.

Auf (glutenfreiem) Brot, mit Gemüse oder zu einem Salat schmeckt der Dip besonders gut.

Geräucherter Möhrensalat

Für 4 Personen | Beilage

ZUTATEN

Für den Salat:
6 mittelgroße Möhren
55 g Mandeln
(geröstet und geschält)
4 Feigen
frische Kresse

Für das Dressing:
5 EL Olivenöl
2 EL Tex-Mex-Gewürzpulver
1 EL geräuchertes rotes
mallorquinisches
Paprikapulver
1 EL Tamari-Soße
oder Sesamöl

ZUBEREITUNG

Möhren mit einem Sparschäler schälen und in dünne, lange Scheiben schneiden. In eine große Schüssel geben.

Für das Dressing Olivenöl, Tex-Mex-Gewürzpulver, Paprikapulver und Tamari-Soße kräftig verrühren. Für einen milderen Geschmack kann die Tamari-Soße durch geröstetes Sesamöl ersetzt werden. Das Dressing am besten eine Stunde vor dem Servieren mit den Möhren durchheben.

Kurz vor dem Servieren die gerösteten Mandeln untermischen und den Salat auf einem Teller anrichten. Mit in Scheiben geschnittenen Feigen und mit frischer Kresse garnieren.

Dal Curry aus Sri Lanka

Für 4 Personen | Hauptgericht

ZUTATEN

75 g rote Linsen
1 mittelgroße Zwiebel
3 Knoblauchzehen
1 Stück Ingwer (2 cm)
1 Stück Kurkuma (2 cm)
60 ml Kokosnussöl oder Olivenöl
5 Kardamomsamen
5 Nelken
½ TL schwarze Pfefferkörner
1 TL Senfkörner
1 Zimtstange
2 kleine Tomaten
1 EL Currypulver
Meersalz
1 Liter Gemüsebrühe
150 g Brokkoli
2 Möhren
200 g Erbsen (TK)
65 g geröstete oder eingeweichte Cashewkerne
1 Dose oder 400 ml Kokosnussmilch (mindestens 70% Kokosnussanteil)
150 g Spinat
rosa Pfeffer

Außerdem:
Tontopf

ZUBEREITUNG

Die Linsen mindestens 4 Stunden in reichlich Wasser einweichen. Danach abspülen und abtropfen lassen.

Zwiebel, Knoblauch, Ingwer und Kurkuma klein schneiden und zusammen mit Öl, Kardamomsamen, Nelken, Pfeffer, Senfkörnern und der Zimtstange in einen Tontopf geben. Bei schwacher Hitze 8-10 Minuten unter gelegentlichem Rühren kochen lassen. Die Tomaten zerkleinern und hinzufügen. Weitere 5 Minuten kochen lassen.

Die roten Linsen, das Currypulver, etwas Salz und die Gemüsebrühe zugeben. Gut umrühren und 30 Minuten bei geringer Hitze kochen lassen.

Den Brokkoli klein schneiden und die Möhren würfeln, dann zusammen mit 100 g Erbsen zugeben.
Sobald das Gemüse gar, aber noch bissfest ist, Kokosmilch und Cashewkerne zufügen. Weitere 5 Minuten kochen lassen. In der Zwischenzeit die restlichen Erbsen 3-4 Minuten in kochendem Wasser garen, abgießen und beiseitestellen.

Gut umrühren und prüfen, wie weich die roten Linsen sind. Wenn sie gar sind, den Herd ausschalten. Andernfalls weitere 10 Minuten kochen lassen.

Nach dem Ausschalten den Blattspinat zugeben und vorsichtig umrühren. Das Curry auf Tellern anrichten und mit Erbsen und rotem Pfeffer nach Belieben garnieren.

Crunchy Chocolate Bites

Für 1 Blech | Süßspeise

ZUTATEN

90 g Haselnüsse (geröstet)
30 g Cornflakes
1 EL Buchweizensamen (geröstet)
200 g Schokolade (Kakaoanteil 75-80%)
1 EL rosa Pfeffer
1 TL Meersalzflocken
½ TL Zimt

Außerdem:
Backpapier

ZUBEREITUNG

Die Haselnüsse fein hacken und in einer großen Schüssel mit den Cornflakes und den Buchweizensamen vermischen. Dann die Schokolade unter gelegentlichem Rühren über dem Wasserbad schmelzen. Dabei sollte der Boden der Schüssel nicht direkt mit dem heißen Wasser in Berührung kommen.

Die geschmolzene Schokolade zu den trockenen Zutaten geben und einrühren. Danach Backpapier auf ein Blech legen, das in den Kühlschrank passt. Mit zwei Löffeln kleine Schokoladenportionen formen und auf das Backpapier geben. Dieser Schritt sollte zügig durchgeführt werden, damit jeweils drei Körner rosa Pfeffer und ein paar Salzflocken auf die noch flüssige Schokoladenhappen gegeben werden können. Dann noch etwas Zimtpulver darübergeben.

30 Minuten abkühlen lassen und das Blech mindestens 12 Stunden in den Kühlschrank stellen und mit Küchenpapier abdecken, damit sich kein Kondenswasser auf der Schokoladenoberfläche bildet.

ARTA

Silvi
und Imre

Natürlich wollte ich auch unbedingt Tierschützer in meinem Buch porträtieren und als ich Silvie und Imre Schmiedl auf Mallorca kennenlernte, wusste ich: Das sind genau die Menschen, die ich mir gewünscht hatte. Das liebevolle Schweizer Ehepaar ist schon seit 38 Jahren zusammen. Schon mit 14 Jahren verliebte sich Imre in die hübsche Silvie mit den langen blonden Haaren. Zusammengeführt hat die beiden ihre große Liebe für Tiere. Beide sind auf dem Land aufgewachsen, hatten Hunde und teilen ihre Leidenschaft für Pferde. Letztere wurde zur großen Herausforderung, als sie zusammenziehen wollten, denn bezahlbarer Wohnraum mit ausreichend Platz war kaum zu finden. Die Schweiz ist klein und Land ist begrenzt und teuer. Als sie von einem großen Grundstück an einem Steilhang hörten, ganz einsam hoch oben in den Bergen gelegen, wollten sie es unbedingt kaufen. Zwar gab es weder fließend Wasser noch Strom und nur einen kleinen gemauerten Stall, aber der sollte zum Wohnhaus umgebaut werden. So arbeiteten beide fleißig und begannen für ihren Traum zu sparen, das Geld reichte aber dennoch nicht aus. Imres Eltern versprachen finanziell zu helfen, wenn er im Gegenzug sein Abitur nachholte. Imre war einverstanden und absolvierte trotz seiner Arbeit per Fernstudium das Abitur, sodass die beiden 1996 das Grundstück erwerben konnten.

Das Abenteuer ihres Lebens begann! Zusammen mit Silvies Bruder Roger, den Hunden und viel Werkzeug und Arbeitsmaterial im Gepäck gingen

Wer sagt, Glück könne man nicht anfassen, hat nie einen Hund gestreichelt.

sie in die Berge. Auf dem Grundstück befand sich noch ein kleines, 9 m^2 großes Butterhäuschen, das sie während der Bauarbeiten bewohnten. Es gab keine direkte Zufahrt zum Haus, sodass am Ende der Straße alles zu Fuß nach oben transportiert werden musste. Der Weg führte steil nach oben mitten durch den Wald, war nicht ganz ungefährlich und zu Fuß war man eine gute halbe Stunde unterwegs. Nur die großen Balken, die sie für den Hausbau benötigten, wurden mit einem Helikopter gebracht. Als der Umbau beginnen sollte, brütete eine Eule im Gemäuer und so schoben sie den Hausbau auf, bis die kleinen Eulenküken geschlüpft waren. Danach begannen sie zu dritt unermüdlich an ihrem Haus zu arbeiteten. Das Geld dafür verdienten sie abwechselnd unter der Woche im Tal. Silvie arbeitete in einer Gärtnerei in Thalwil in der deutschen Schweiz und Imre nahm alle anfallenden Arbeiten auf dem Bau an, spezialisierte sich später auf Fliesenlegen und war im Tessin unterwegs. Roger blieb in den Bergen, arbeitete weiter und kümmerte sich um die Hunde. Die Pferde waren bei Freunden untergebracht, sollten aber natürlich möglichst bald nachkommen. Bei Dauerregen oder Unwetter fanden die beiden Unterschlupf in dem kleinen Ferienhaus der Familie, dass ca. 40 km entfernt lag und von wo aus sie leichter zur Arbeit gelangen konnten. Am Wochenende waren alle zusammen in den Bergen, gekocht wurde auf einer offenen Feuerstelle und das Wasser kam aus der hauseigenen Quelle. Schon bald konnten sie ihre geliebten Pferde nachholen, das benötigte Heu schnitt Imre von Hand mit der Sense. Es dauerte fast zwei Jahre, bis sie ihr kleines Haus fertiggestellt hatten. Imre hatte eine Wasserleitung gelegt, es gab Solarstrom und endlich konnten sie ihr grünes Tal mitten in der Natur der Schweizer Berge genießen. Es gab unzählige Wiesenblumen, Kräuter, Schmetterlinge und Eidechsen, sogar Hirsche und Rehe kamen vorbei. Nachts saßen sie am Lagerfeuer zusammen, umringt vom Leuchten der Glühwürmchen.

Manchmal wurden sie von Pilzsammlern aus Italien überrascht, aber die stellten natürlich keine Gefahr da. Gefährlich wurden dafür die Wildschweine, wenn sie einbrachen und ihre Felder verwüsteten, oder die große Anzahl von Giftschlangen, die sich besonders gerne unter den

Heuballen aufhielten. Silvie, die später oft alleine zuhause war und das Heu für die Pferde fertigmachen musste, hatte gehörigen Respekt vor ihnen, aber dennoch liebte sie diesen Ort und ganz besonders die vielen Arten von Wildkräutern. Sie begann weitere Heilkräuter anzubauen und Öle herzustellen. Angepflanzt wurde nach dem Mondkalender und nach kurzer Zeit gründete sie ihre kleine Naturkosmetikfirma mit dem Namen „Kolibri". Jetzt konnte sie damit Geld verdienen und verkaufte die Öle in verschiedenen Geschäften im Tal. Imre bekam immer mehr Aufträge zum Fliesenlegen; die 10 km ins Tal fuhr er mit dem Fahrrad hinunter – und nach einem langen Arbeitstag auch wieder hoch. Egal wie anstrengend dieses Leben war, sie liebten es. Der große Zusammenhalt als Paar, das Gefühl von Freiheit im Einklang mit der Natur und die Liebe zur Einfachheit ohne Fernseher, Tageszeitung und unnötige Konsumgüter war genau das, was sie sich immer gewünscht hatten. Ihre Welt war in Ordnung!

23 Jahre lebten sie im Tessin in ihrem Paradies. Aber die strengen Winter setzten Silvie mit der Zeit sehr zu, denn sie war oft alleine und der hohe Schnee und die Arbeit mit den Pferden brachten sie an ihre körperlichen Grenzen. Nach wie vor gab es keine Straße zu ihrem Haus und alles musste man alleine hochtragen. So kam es, dass Silvie sich eines Tages im Winter 2009 zum ersten Mal Urlaub wünschte. Irgendwo in der Sonne, am besten auf den Balearen. Am Tag des Abflugs machten sie sich mit

schweren Eisen an den Füßen durch den tiefen Schnee auf den Weg hinab ins Tal und fuhren mit dem Zug zum nächsten Flughafen. Von dort ging es nach Mallorca. Schon bei ihrer Ankunft, als sich die Türen des Fliegers öffneten und die ersten Sonnenstrahlen sie wärmten, waren sie verliebt in die Insel. Sie landeten in Can Pastilla in einem günstigen Hotel, es waren fast 20 Grad und die Insel erstrahlte in Frühlingsfarben. Das volle Kontrastprogram zu ihrem eiskalten Zuhause! Mit einem Mietwagen fuhren sie quer über die Insel und mit jedem Tag wurde der Wunsch stärker, hier leben zu wollen. Sie sahen sich die Angebote der Makler an und informierten sich im Internet. Es waren die gleichen Herausforderungen wie damals in der Schweiz, sie brauchten einen Platz für ihre Tiere und ganz besonders für die Pferde. Aber auch hier wurden sie fündig: Die Finca auf dem Land war sanierungsbedürftig, es gab kein fließendes Wasser, keinen Strom und einen riesigen Berg Arbeit. Nach ihrer Rückkehr in die Schweiz kümmerten sie sich um den Verkauf ihres Hauses und schon bald flog Imre nach Mallorca, wo sie am 31.7.2009 durch eine notariell beglaubigte Unterschrift Eigentümer ihres neuen Domizils wurden. Roger blieb in den Bergen, wo er auch heute noch in der Nähe des ehemaligen Hauses wohnt. Silvie und Imre zogen mit ihren drei Hunden und der Katze auf die Insel. Während Silvie den Platz für die Pferde vorbereitete, Möbel bemalte und Haus und Grundstück mit all ihren schönen bunten Sachen dekorierte, pendelte Imre als Fliesenleger zwischen den Ländern, um das Geld für den Umbau zu verdienen.

Auf gewisse Weise wiederholte sich ihre Geschichte, aber auf Mallorca kam ein vollkommen neues Kapitel hinzu, mit dem beide nicht gerechnet hatten: Der Tierschutz!

Bei dem Mallorquiner, der die Ställe geliefert hatte, entdeckte Silvie ein Pferd in sehr schlechter Haltung und kaufte es frei. Ein paar Tage später brachte er ihr einen kleinen Schäferhundwelpen, der höchstens drei Wochen alt war, aber Silvie schickte ihn weg mit der Bitte, ihn noch ein paar Wochen bei der Mutter zu lassen. Keine zwei Wochen später kam er mit gleich zwei Welpen zurück. Beim Tierarzt lernte Silvie dann jemanden kennen, der sich im Tierschutz für Welpen engagierte, und Silvie bot sich spontan als Pflegestelle an. Seither kamen unzählige bedürftige Welpen auf ihre Finca und Silvie und Imre kümmerten sich rührend und halfen bei der Vermittlung in ein gutes Leben, meist außerhalb der Insel. Als Silvie eines Tages das erste Mal eine Tötungsstation besuchte, stand ihr Entschluss fest: Es sollten so viele Hunde wie möglich vor einem Leben dort und dem Tod bewahrt werden. Bis zum heutigen Tag haben

Ein glückliches
Leben
ist eine Sammlung
unvergesslicher

sie weit mehr als 1000 Hunde gerettet – irgendwann hörten sie auf zu zählen. Es ist kein Ende in Sicht und die beiden helfen, wo es geht. Einige alte Tiere oder Angsthunde, die einfach nicht vermittelbar sind, leben inzwischen fest bei ihnen, genauso wie zwei gerettete Pferde und einige Katzen.

Während sie in der Schweiz ohne Handy lebten, bekommen sie hier täglich unzählige Nachrichten auf ihrem Smartphone. Es geht um Tiere, die aus schlimmsten Haltungen befreit werden sollen, oder um Fundtiere von der Straße, die in den Perreras (den spanischen Tierheimen) landen, um abgegebene Hunde, deren Besitzer sich nicht mehr kümmern können oder wollen. Ganz besonders die alten Hunde, die oft blind oder taub sind und allerlei Alterskrankheiten haben, liegen den beiden am Herzen. Silvie bemüht sich täglich stundenlang in den sozialen Netzwerken um Hilfe für die leidenden Tiere. Dennoch gibt es jetzt auf Mallorca mehr Annehmlichkeiten und keinen beschwerlichen Weg mehr hoch in die Berge. Nach wie vor bauen sie Gemüse und Kräuter an und ernähren sich gesund. Seit ihrer Jugend essen die beiden kein Fleisch und jeder Käfer ist heilig. Am Tag des Fotoshootings zu meinem Buch und während des Interviews sitzen wir an dem großen bunten Tisch auf der Veranda zusammen, den Silvie selbst bemalt hat. Wir bereiten zwei Salate zum Abendessen vor, dann werden erst die Tiere versorgt und spät am Abend, als es schon dunkel ist, essen wir zusammen und ich interviewe die beiden für das Portrait in meinem Buch. Sie erzählen aus ihrem Leben und wir philosophieren und ich bin einfach schwer beeindruckt von diesen beiden so besonderen Menschen und ihrer tiefen Verbundenheit zum Leben, der Natur und den Tieren. Freiheit für Mensch und Tier steht für sie an höchster Stelle!

Einen Satz von Imre habe ich mir eingeprägt: „Das Leben in den Bergen hat uns die Verbundenheit und die Freiheit gelehrt und dass alles, was wir tun, Konsequenzen hat. Deshalb tragen wir für alles Verantwortung und ganz besonders für die, die keine Stimme haben.“ Und Silvie fügt ein Zitat der Hopi-Indianer hinzu: „Du kannst ein gutes Leben wählen oder ein bequemes!“ Danke an alle, die ein gutes Leben wählen, damit es für andere Lebewesen auch gut wird!

Quinoasalat

Für 4 Personen | Beilage

ZUTATEN

Für den Salat:
200 g Quinoa (egal welche Sorte, gerne auch bunt)
1 Bio-Salatgurke oder
2 kleine Bauerngurken
1 rote Zwiebel
1 Rispe Strauchtomaten
1 Avocado
5-8 feste Datteln ohne Stein
1 Handvoll Walnüsse
½ Granatapfel (alternativ getrocknete Cranberrys)
1 kleines Bund Petersilie (alternativ Koriander)

Für das Dressing
Siehe S. 116

ZUBEREITUNG

Die Quinoa gut waschen und nach Packungsangabe zubereiten. Abkühlen lassen und mit der Gabel etwas auflockern. Die Gurke gut abwaschen, längs halbieren, mit einem kleinen Löffel die Kerne auskratzen und die Gurke in kleine Stücke schneiden. Die Zwiebel schälen und klein hacken. Die Strauchtomaten waschen, vom Strunk befreien und halbieren oder vierteln. Die Avocado von der Schale befreien, entsteinen und in kleine Stückchen schneiden. Die Datteln klein schneiden und die Walnüsse grob hacken. Die Kerne vom Granatapfel herauslösen. Petersilie oder Koriander waschen, trocken schütteln und fein hacken.

Die Quinoa zusammen mit allen weiteren Zutaten in eine große Schüssel geben. Das Dressing zubereiten, über den Salat geben und alles durchmischen. Kurz ziehen lassen.

Für eine bunte Salatbowl alle Zutaten separat auf einem tiefen Teller anrichten und das Dressing anschließend darüberträufeln.

Belugalinsensalat

Für 4 Personen | Beilage

ZUTATEN

Für den Salat:
200 g schwarze Belugalinsen
½ Salatgurke
1 Handvoll Kirschtomaten
1 gelbe Paprika
3 Lauchzwiebeln
200 g veganer Fetakäse
1 EL Pinienkerne
1 Bund frische Petersilie (alternativ Koriander)

Für das Dressing:
Siehe S. 116

ZUBEREITUNG

Die Linsen waschen und nach Packungsangabe kochen. Gurke schälen, längs halbieren, mit einem kleinen Löffel die Kerne auskratzen und die Gurke in kleine Stücke schneiden. Die Tomaten waschen, vom Strunk befreien und halbieren. Die Paprika waschen, vom Kerngehäuse befreien und klein schneiden. Die Lauchzwiebel waschen und in feine Ringe schneiden. Den veganen Feta abtropfen lassen und in kleine Würfel schneiden. Die Pinienkerne in einer Pfanne ohne Fett anrösten.

Die Zutaten für das Dressing in ein hohes Gefäß geben, mit dem Pürierstab fein mixen und abschmecken. Die Petersilie waschen, trocken schütteln und fein hacken.

Die Salatzutaten in einer großen Schüssel vermengen und anschließend auf einer Platte anrichten und mit dem Dressing beträufeln. Mit gehackter Petersilie oder Koriander bestreuen.

Spanier lieben Linsensalate in jeder Ausführung. Man kann ihn fast überall bestellen. Hierzu verwenden sie oft vorgekochte Linsen aus dem Glas, was wirklich auch sehr lecker schmeckt.

BUNYOLA

Jardines de Alfabia

Das Landgut mit Park und herrschaftlichen Gärten, immaterielles Kulturerbe der UNESCO seit 2011, zählt zu den schönsten und ältesten Gartenanlagen in ganz Spanien und befindet sich am Fuß des Tramuntana-Gebirges zwischen Bunyola und Soller. Für jeden Gartenliebhaber ein absolutes Highlight. Das Landgut ist von März bis Oktober täglich von 9.30 Uhr bis 18.30 Uhr geöffnet. Das Wasser ist hier eine der Hauptattraktionen, es sammelt sich in Grotten, strömt über Wasserfälle, es gibt Kaskaden, Fontänen und stille Teiche. Das alles verdankt man einer besonderen Bewässerungstechnik, die die Mauren hier seinerzeit eingesetzt haben.

Wir hatten uns einen besonders heißen Tag für diesen Ausflug ausgesucht, denn dort findet man einige schattige Plätze, an denen man wunderschön verweilen kann. Ich hatte früh morgens eine leckere Focaccia gebacken und uns einen kleinen Picknickkorb und eine Kühltasche mit etwas Obst und kalten Getränken gepackt. Natürlich befindet sich auch ein kleines Gartenrestaurant auf der Anlage.

Am späten Nachmittag fuhren wir dann weiter nach Soller, um noch ein wenig am Meer spazieren zu gehen, bevor es an der Küste entlang zurück nach Palma ging, vorbei an dem zauberhaften Küstenort Deija. Dort sollte man den Fotoapparat immer schnell griffbereit haben, denn es gibt wunderschöne Plätze zu entdecken mit den schönsten Fotomotiven. Dieser Tag wird unvergessen bleiben!

LIFE IS BETTER UNDER

Elkes Foccacia

Für 2 Personen | Hauptgericht

ZUTATEN

500 g Weizenmehl
1 TL Salz
300 ml lauwarmes Wasser
30 g Zucker
1 Würfel frische Hefe
etwas Olivenöl

Für den Belag
ca. 100 ml Olivenöl
1 Päckchen süße Kirschtomaten (am besten an der Rispe)
1 Glas getrocknete Tomaten in Öl
1 EL getrocknete italienische Kräutermischung
grobes Meersalz

Kapern und Oliven nach Belieben

Backblech & Backpapier
große Schüssel
evtl. Rührgerät mit Knethaken

ZUBEREITUNG

100 ml Wasser abnehmen und in einer kleinen Schale mit dem Zucker mischen, die frische Hefe darüberbröseln und ein paar Minuten stehen lassen. Das Mehl mit dem Salz in der großen Schüssel mischen, eine Mulde in die Mitte drücken und die Mischung mit der aufgelösten Hefe in die Mulde geben. Das restliche Wasser, das Öl und das Mehl zugeben.

Jetzt alles gut mit den Händen oder dem Rührgerät verkneten, bis es einen elastischen Teig gibt. Eine Kugel formen und in der mit einem Küchentuch abgedeckten Schüssel ca. 1 Stunde gehen lassen.

Das Backblech mit dem Backpapier belegen und mit Öl bestreichen. Die Teigkugel darauf geben und mit den Händen flach drücken. Danach nochmal 15 Minuten gehen lassen.

Die kleinen Tomaten waschen und halbieren und verteilt in den Teig drücken. Die getrockneten Tomaten abseihen und das Öl auffangen. Auch diese klein schneiden und verteilen. Falls Ihr Kapern oder Oliven mögt, auch gerne welche draufgeben und alles mit den getrockneten Kräutern bestreuen.

Gleichmäßig mit etwas Salz bestreuen und mit dem Öl der getrockneten Tomaten beträufeln.

ARTA

Was macht eigentlich Maria

Auf meiner Tour für mein neues Buch besuchte ich natürlich auch wieder Maria in Arta, denn ein gemeinsames Mittagessen gehört schon fast zur Tradition bei meinen Mallorcabesuchen. In meinem ersten Buch „Viva Mallorca" hatte ich über sie und ihr wunderschönes Geschäft „DomusART" berichtet. Es ist die erste Adresse in Arta, wenn es um stilvolle Einrichtung und Kunst geht. Die unendliche Vielfalt der Möbel- und Wohn-Accessoires und die einzigartige Auswahl in ihrer Kunstgalerie sind eine Schatzkammer voller mit Liebe zusammengetragener Dinge.

Im Jahr 1995 zog Maria Gwosdz von Deutschland nach Mallorca, dem idealen Ort für ihr sonniges Gemüt. Sie verliebte sich in Arta und die Herzlichkeit der Menschen dieses wunderschönen Städtchens und übernahm das zentral in einem alten Stadthaus in der Fußgängerzone gelegene Geschäft mit dem Namen „Domus". Daraus machte sie das „DomusART", einen Anziehungspunkt für Einrichtung und Kunst. In diesem Gebäude mit seinen großen Fenstern, verwinkelten Räumen auf zwei Etagen und einem zauberhaften kleinen Patio befand sich früher die Waschküche des Dorfes. Die Einwohner nahmen sie mit offenen Armen in die Gemeinde auf und da Maria ein weit verbreiteter Name in Spanien ist, nannten sie die Menschen einfach „Maria de Domus".

Ihre einheimische und internationale Kundschaft ist begeistert von ihrem Einrichtungsstil und schätzt ihren Sinn für

Ästhetik. Mit viel Kreativität und Engagement kreiert Maria immer wieder etwas inspirierendes Neues. Das führt zusammen mit ihrer empathischen Persönlichkeit zu zahlreichen Aufträgen. Sie richtet Fincas, Stadthäuser oder Villen an der Küste ein und verschönert sie zusätzlich mit Kunst. Lange Gespräche, Vertrauen und ein großes Einfühlungsvermögen spielen eine erhebliche Rolle, um die Wünsche des Kunden umzusetzen und ihm genau die Wohlfühloase zu schaffen, die er sich wünscht.

Bei unseren Treffen, bei denen wir über Privates und Geschäftliches plaudern, frage ich immer, was es Neues gibt, und so erzählt mir Maria von einem interessanten Projekt:

„Bei meiner täglichen Arbeit habe ich gemerkt, dass es eigentlich nur um die ‚äußere Hülle' geht, aber die Basis des Wohlbefindens liegt für mich im ‚inneren Haus'." So begab sie sich 2021 auf eine spannende Reise und absolvierte die Life Trust Coaching Ausbildung bei Veit Lindau, einem der renommiertesten Coaches und Mentoren im deutschsprachigen Raum und mehrfachen Bestsellerautor. Diese profunde, intensive zweijährige Ausbildung, die Persönlichkeitsentwicklung, Spiritualität und Wissenschaft vereint und somit einzigartig ist, befähigt ihre Absolventen, integrale Lebensbegleiter zu sein. Ich möchte von ihr wissen, was das genau heißt und um welche Art von Coaching es sind handelt. Maria holt noch weiter aus: „Life Trust Coaches unterstützen und begleiten ganzheitlich bei Entscheidungs- und Veränderungsprozessen. Es ist mir ein Herzensanliegen, besonders Frauen in ihre Kraft und die Lebensfreude wieder in ihren Alltag zu bringen. Als zertifizierte Life Trust Coaches entfachen wir gemeinsam die Lebendigkeit und holen das Strahlen zurück! Ich habe die Idee, Coachings für Frauen in der Mitte des Lebens anzubieten und langfristig auch Retreats auf Mallorca zu organisieren. Durch meine Version ‚Maria de Domus – Coaching & Retreats' kann mein bisheriges Wirken ergänzt werden. Während Maria davon erzählt, leuchten ihre Augen vor Begeisterung und sie sagt: „Jeder Mensch hat das Geburtsrecht glücklich zu sein, VIVA LA VIDA!"

Das ist ja wirklich spannend und wer Maria oder ihr Geschäft noch nicht kennt, sollte unbedingt mal bei seinem nächsten Besuch auf Mallorca in Arta vorbeischauen. „DomusART" befindet sich in der Fußgängerzone und der rote Teppich ist immer für Euch ausgerollt.

Mango- Bananen- Ingwer-Smoothie

Für 4 Personen | Getränk

ZUTATEN

2 reife Mangos
(ca. 500 g Fruchtfleisch)
1-2 Bananen (ca. 150 g)
1 Stück Ingwer (1 cm)
2 Orangen
½ Zitrone
1 EL Joghurt
200 g Eiswürfel
1 TL Agavensirup
etwas Zimtpulver

Für die Garnitur:
frische Minze

ZUBEREITUNG

Mangos schälen und das Fruchtfleisch vom Kern schneiden. Die Bananen schälen und in Stücke schneiden. Den Ingwer mit Schale in dünne Scheiben schneiden. Die Orangen und die Zitrone auspressen.

Alle diese Zutaten zusammen dem Joghurt, Eiswürfeln und Agavensirup in einen Standmixer geben und auf höchster Stufe ca. 30–60 Sekunden mixen. Alternativ einen Pürierstab benutzen und etwas Crushed Ice statt der Eiswürfel hinzugeben.

In 4 Gläser umfüllen, mit Zimt bestreuen und mit Minze dekorieren und sofort servieren!

DREAMS
COME
TRUE

PALMA ALTSTADT

Doreen

Bei einem Bummel durch die zauberhaften Gassen der Altstadt von Palma entdeckten wir die farbenfrohe Galerie „Art Loft Palma“. Tatsächlich folgte ich der Galerie bereits auf Instagram und freute mich sehr, dass ich die Inhaberin Doreen Ihme an diesem Tag persönlich kennenlernen konnte. Ihre freundliche und offene Art führte zu einem langen Gespräch, sodass wir an diesem Tag noch ganz spontan zusammen essen gingen. Sie erzählte mir, dass sie 2019 der Liebe wegen nach Mallorca gekommen ist und tatsächlich so mutig war, 2020 während der Coronazeit ihre Kunstgalerie mit Atelier im Herzen der Stadt und umgeben von vielen renommierten Kunststätten zu eröffnen.

Doreen kam in Thüringen in einer sehr kreativen Familie zur Welt, ihre Mutter war Interiordekorateurin, ihr Vater Opernsänger und ihre Großeltern Maßschneider. Dennoch startete sie ihr Berufsleben mit einer Ausbildung in der Wirtschaft, heiratete und ihr Sohn Tom wurde geboren. Als sich die Eheleute trennten, zog sie mit Tom für einige Jahre aufs spanische Festland und kam erst wieder mit Beginn seiner Schulpflicht zurück nach Deutschland.

Ihre künstlerische Laufbahn startete sie inspiriert von einer Hamburger Schmuckdesignerin. Doreen entwarf für ihre erste Schmuckkollektion „Los Collares“ lange Endlosketten aus Halbedelsteinen in Kombination mit Gold und Silber. Diese verkaufte sie in namhaften Boutiquen in Deutschland, bis sie sich im Alter von 36 Jahren mit der Luxusboutique „La Casita“ im Herzen von Erfurt, am berühmten Fischmarkt, ihren Traum vom eigenen Geschäft erfüllte. Sie verkaufte neben Interieur und Schmuck auch Schuhe,

Taschen und Gürtel aus kleinen traumhaften Manufakturen in Spanien. Später folgten noch drei weitere Geschäfte. Als ihr Sohn nach dem Abitur zum Studium auszog, wollte sie selbst künstlerisch wieder aktiver werden. Durch Zufall fand sie ein Keramikatelier mit Schwerpunkt auf handbemalten Unikaten. Dort entdeckte sie die Malerei für sich und für die Autodidaktin wurde dieses weitere Talent bald zur Vollbeschäftigung.

Dank ihres Erfolges auf Mallorca werden ihre Werke inzwischen weltweit an Liebhaber verschickt. Ihr größtes Steckenpferd ist die Anfertigung von Bildern auf Kundenwunsch, so erhält der Kunstliebhaber ein Originalwerk, das personalisiert und auf seinen Geschmack zugeschnitten ist. Ob Pop Art oder verschiedenste Motive von Landschaften über Menschen bis hin zu Tieren, in Acryl oder Öl gemalt oder gespachtelt – bei Doreen entstehen echte Unikate. Darüber hinaus bemalt sie Taschen, Lampenschirme oder auch Spiegel ganz nach dem Motto „Kunst und Luxus". Die Marke „Doreen Art" hat sich etabliert, sodass auch immer mehr unterschiedliche Ausstellungen nicht nur auf Mallorca stattfinden. Privat lebt sie in einem Appartement in Sant Agustí und das Atelier in der Galerie dient ihr zum Malen. Sie ist sehr dankbar, von ihrer Kunst leben zu können, und viele Kunden sind mittlerweile zu Freunden geworden. Doreen liebt die Baleareninsel mit ihren vielen Freizeitmöglichkeiten, das schöne Wetter, das Meer und ausgedehnte Wanderungen.

Dennoch vermisst sie auch ein wenig ihre alte Heimat in Deutschland, einen tollen Abend in der Oper, lange Spaziergänge, Obst sammeln auf den Streuobstwiesen und danach leckere Marmeladen kochen. Ihre Familie und Freunde sind ihr wichtig und sie hofft beim nächsten Besuch einmal etwas länger bleiben zu können.

AMEX ROLEX RELAX
MALLORCA
LIFE IS TOO SHORT
RNJ 0501

SPINACH is overrated
THE SAILOR
GUCCI
YOU AND ME
DOPE
iN

IBIZA
PALMA
LOUIS.V.
REAL LOVE
CHANEL
CHANEL
SPINACH
HEAVY CASH
SPINACH
SPINACH
LOUIS VUITTON
CHANEL
PARIS

Bunter Minipasta-Salat

Für 6 Personen | Salat

ZUTATEN

300 g Mininudeln (kleine feste Nudeln in Reisform)
2-3 l Wasser plus 1 TL Salz
2 mittlere Bio-Bauerngurken
1 rote Paprika
1 Dose Mais
400 g weiße Bohnen (vorgekocht aus dem Glas)
1 kleine Dose oder Glas grüne Oliven ohne Stein
2 EL Kapern nach Belieben

Frische Kräuter wie Schnittlauch, Petersilie oder Basilikum können gerne gezupft und kleingehackt als Dekoration über den Salat gestreut werden

Für Elkes Lieblingsdressing:
2 reife Zitronen
100 ml Olivenöl
3 EL Ahornsirup
1 EL Senf
frisch gemahlener Pfeffer
Kräutersalz

ZUBEREITUNG

Die Mininudeln nach Packungsangabe in ca 2-3 l Salzwasser gar kochen, in ein Sieb abgießen und beiseitestellen. In der Zwischenzeit die Bauerngurken waschen und mit Schale in kleine Stückchen schneiden. Die Paprika von den Scheidewänden und Samen befreien und ebenfalls in kleine Würfel schneiden. Den Mais, die Bohnen und die Oliven nacheinander in einem Sieb abtropfen lassen.

Wenn die Nudeln abgekühlt sind, diese zusammen mit dem vorbereiteten Gemüse in eine große Schüssel geben.

ZUBEREITUNG DRESSING

Alle Zutaten in einem hohen Gefäß mit dem Stabmixer sämig schäumen und abschmecken.

Jetzt das Dressing über die Nudelmischung geben und gut durchheben.

Am besten ca. 1 Stunde durchziehen lassen.

Falls kein Stabmixer vorhanden ist, nehme ich auch gerne mal ein leeres Marmeladenglas mit Deckel zur Hilfe und schüttele die Zutaten kräftig wie ein Barmixer! Besonders in Ferienwohnungen muss man sich manchmal mit einfachen Dingen zu helfen wissen!

S'ARRACÓ

Constantin

und Ferran

Constantin Szarawarski und Ferran Serra sind schon seit vielen Jahren ein tolles Paar, das sich wunderbar ergänzt: Beide sind echte Workaholics und sprühen vor Ideen. In einem ihrer Instagram-Accounts nennen sie sich passend „Dos Creativos" (Zwei Kreative). Wir hatten uns bis zu diesem Shootingtag fast vier Jahre nicht gesehen und freuten uns riesig auf dieses Treffen, von dem wir wussten, dass es sehr humorvoll zugehen würde. Beide lachen viel und sind unwahrscheinlich hilfsbereit und gastfreundlich. Constantin ist gebürtiger Pole und lebte fast 17 Jahre auf Ibiza, wo er seinen spanischen Lebenspartner Ferran kennenlernte, der von Barcelona nach Ibiza kam, um dort zu leben und zu arbeiten. Constantin hat in Polen ein Studium als „Master of Economics" absolviert, aber nutzte diese Ausbildung nie, sondern begann schon im Alter von 20 Jahren seine Hobbys zum Beruf zu machen. Seine kreative Laufbahn startete er als Fashionstylist und Interieurdesigner für Fernsehen, Magazine und große Mode- und Einrichtungsunternehmen. Ferran hingegen arbeitet bis heute in seinem Ausbildungsberuf als „Visual Merchandiser", wo es um die optische Gestaltung von Verkaufsflächen, Messeständen oder Showrooms geht, was ebenfalls viel Kreativität erfordert.

Beide lieben, was sie tun, wodurch man manchmal gar nicht merkt, dass man körperlich und emotional erschöpft ist. Bei Constantin führte dies zu kleineren Burnouts, sodass es an der Zeit war, ihr Leben zu verändern und einen neuen Lebensabschnitt zu wagen. Sie beschlossen, nach Mallorca zu gehen, um sich dort endlich ein eigenes kleines Business aufzubauen. Die Suche nach dem geeigneten Zuhause war schnell erfolgreich und der Umzug auf die Nachbarinsel fand 2019 statt. Das kleine Dörfchen S'Arracó im Südwesten Mallorcas, in einem wunderschönen Tal gelegen und umgeben von Wäldern und Bergen, sollte ihr neues Zuhause sein. Es befindet sich am Fuße des Tramuntana-Gebirges und der bekannte Ort Sant Elm mit seinem 180 Meter langen Sandstrand ist nicht weit entfernt. Das neue Domizil ist ein entzückendes antikes mallorquinisches Haus aus dem Jahre 1800, bei dem allerdings einige Renovierungsmaßnahmen erforderlich waren. Mit dem Vermieter wurden sie sich schnell einig und sie begannen voller Elan und mit viel Herzblut, diesem Haus einen wunderbaren Charme zu verleihen. Türen und Fenster erhielten einen hellen freundlichen Anstrich, der Fußboden wurde ausgetauscht und nach und nach verschwand alles Düstere und Dunkle. Das Haus erstrahlte in neuem Glanz. Zu guter Letzt wurde es natürlich noch geschmackvoll eingerichtet und dekoriert. Ich war schon ganz gespannt, es zu sehen und ein wenig überrascht, wie schön es geworden ist, obwohl ich bei diesem Designerduo auch nichts anderes erwartet habe.

Jetzt fehlten ihnen nur noch die vierbeinigen Mitbewohner, die sie sich schon so lange wünschten. Selbstverständlich wollten sie Tieren aus dem Tierschutz eine Chance geben und so adoptierten sie nacheinander die zwei Beagle „Bacon“ und „Freitag“. Sie kommen beide vom Festland von kleinen spanischen Tierschutzorganisationen, die sie schon länger mit Spenden unterstützen. Die beiden haben eine besondere Verbindung zu dieser Rasse, die einen liebenswert gutmütigen Charakter hat und leider immer noch verstärkt gezüchtet wird, um in Versuchslaboren grausam missbraucht zu werden. Diese Tiere verbringen meist ihr ganzes Leben in Käfigen. Bei Constantin und Ferran haben sie den Himmel auf Erden, sie sind fast nie alleine und begleiten sie so oft es geht zu Kunden oder in ihren Conceptstore „Pop Mallorca“ im Herzen von Palma. Dort verwirklichten sie sich ihren Traum vom eigenen Geschäft und bieten heute neben Mode auch Keramik, Möbel und Textilien im Vintage Style an. Inzwischen haben sie auch eigene Labels gegründet und

sind darüber hinaus als Interiordesigner und im „Visual Merchandising“ tätig. Im Sommer 2023 kam ein kleiner „Summerstore“ in Port d’Andratx dazu, ganz in der Nähe ihres Wohnorts, in dem man nachmittags meist Ferran antrifft. Ihr Geschäft in Palma ist fast das ganze Jahr geöffnet, allerdings zu geänderten Öffnungszeiten. Sie verreisen nicht oft und genießen im Winter den ruhigen Tourismus, die leeren Strände, die frische Luft und das schöne Wetter. Sie lieben ihr ruhigeres Leben in dieser Jahreszeit, in der man sich von der hektischen und anstrengenden Sommersaison erholen kann. Die Baleareninsel ist zu ihrer Heimat geworden und macht sie sehr glücklich.

Trotzdem frage ich immer gerne nach eigenen Wünschen oder Träumen für Mensch, Tier oder auch den Planeten. Hierzu haben sie gleich mehrere Antworten:

Sie hätten gerne eine größere, bezahlbare Finca, um mehr Hunde retten zu können (ganz besonders Beagle aus schlechter Haltung) und ihnen ein schönes, liebevolles Leben zu bieten. Die Menschen sollten generell wieder empathischer und respektvoller im Umgang mit Mensch und Tier sein. Es sollte viel mehr unternommen werden gegen den Hunger in der Welt und der gleichzeitigen Verschwendung von Nahrungsmitteln. Mitdenken und Mitfühlen ist den beiden wichtig – und dafür vielleicht einfach mal das Smartphone zur Seite legen und in die „echte“ Welt eintauchen! Da kann ich den Beiden nur aus vollem Herzen zustimmen!

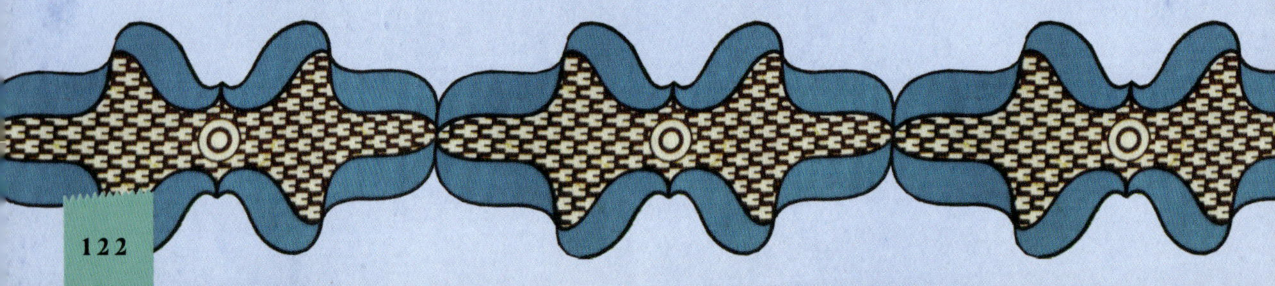

BAUHAUS-AUSSTELLUNG
WEIMAR JULI - SEPT. 1923
DAVID LACHAPELLE
MERT ALAS & MARCUS PIGGOTT
ART NOW
MODA

Dumplings mit Pilz-Tofu-Füllung

Für 12 mittelgroße Dumplings | Hauptgericht oder Vorspeise

ZUTATEN

Für die Dumpling-Füllung:
250 g Bio-Pilze
(z.B. Champignons oder Portobello)
Salz
4 EL Olivenöl
½ Knoblauchknolle
2 Frühlingszwiebeln
1 Stück Ingwer (ca. 1,5 cm)
1 Prise schwarzer Pfeffer
1 EL Sesamöl
4 große Möhren
¼ Weißkohl
Sojasauce nach Belieben
250 g Natur-Tofu
24 Blätter Reispapier

Für den Dip:
4 EL Sojasauce
¼ TL Honig (alternativ Agaven- oder Dattelsirup)
¼ TL Sambal Oelek (wer es scharf mag)
¼ TL Chiliflocken
Koriander nach Belieben
½ TL Sesamsamen

Außerdem:
Öl zum Braten

ZUBEREITUNG

Die Pilze fein hacken und mit einer Prise Salz in einer Pfanne ohne Fett anbraten, um sie leicht zu rösten und das überschüssige Wasser zu entziehen. Nach dem Rösten 2 EL Olivenöl zugeben und mit dem gehackten Knoblauch leicht anbraten. Darauf achten, dass der Knoblauch nicht zu stark anbrennt. Frühlingszwiebeln in feine Ringe schneiden, ca. 1 TL für den Dip beiseitestellen. Den Ingwer schälen und fein hacken. Frühlingszwiebeln und Ingwer mit einer Prise schwarzen Pfeffer zu den Pilzen geben. Sesamöl und weitere 2 EL Olivenöl zugeben und alles kurz anbraten. Möhren in Juliennes und den Kohl in feine Streifen schneiden und beides mit einer weiteren Prise Salz zugeben. Unter ständigem Rühren ca. 5 Minuten braten. Sojasauce zugeben und weitere 5-7 Minuten unter

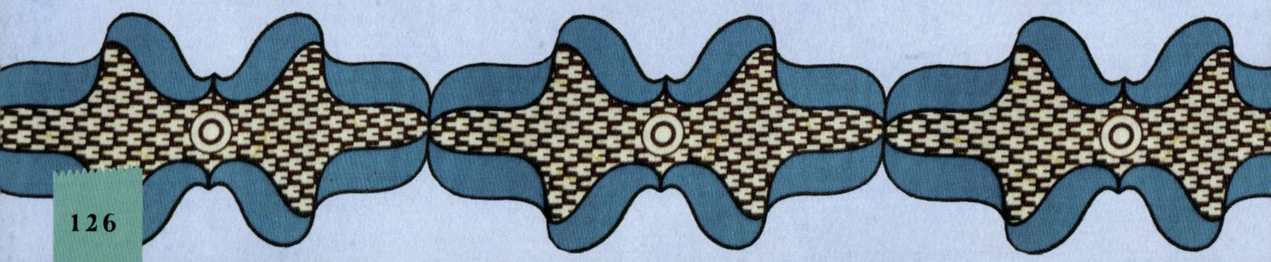

ständigem Rühren braten. Die Flüssigkeit verkochen und das Gemüse leicht karamellisieren lassen. Den Tofu zerbröseln, zugeben und ca. 5 Minuten unter Rühren braten. Dann den Herd ausschalten, die Pfanne abdecken und alles 30 Minuten ruhen lassen.

In der Zwischenzeit den Dip zubereiten. Dafür Sojasauce in eine Schüssel geben und mit dem Honig verrühren. Wer es scharf mag, kann Sambal Oelek dazugeben. Danach Chiliflocken, gehackte Frühlingszwiebel, gehackten Koriander nach Geschmack und Sesamsamen zufügen. Bei Bedarf etwas Wasser zugeben. Gut vermischen und ziehen lassen.

Für die Dumplings ein Stück Reispapier 10-12 Sekunden in Wasser einweichen, bis es biegsam ist. Danach das Reispapier auf ein befeuchtetes Holzbrett legen, ca. 3 EL der Tofu-Gemüse-Mischung in die Mitte geben und das Reispapier darüberklappen. Ein zweites Blatt eingeweichtes Reispapier darumlegen. Jeder Dumpling wird zweimal mit Reispapier umwickelt. Diesen Vorgang mit jedem Dumpling wiederholen.

Zum Ausbraten Kokos- oder Olivenöl in einer Pfanne erhitzen. Die Pfanne sollte etwa 1 cm hoch mit Öl gefüllt sein. Jeden Dumpling von beiden Seiten goldbraun braten, bis er knusprig ist. Die Dumplings sollten sich dabei nicht berühren. Aus der Pfanne nehmen und auf Küchenpapier abtropfen lassen. Auf eine Platte legen und nach Belieben mit Sesam und Frühlingszwiebeln garnieren.

In Sojasauce dippen und guten Appetit!

Sonntagsgemüse auf Hummus

Für 4 Personen | Hauptgericht

ZUTATEN

Für den Braten:
½ Blumenkohl
1 kg kleine Kartoffeln, halbiert (große Kartoffeln vierteln)
250 g Kichererbsen (Abtropfgewicht)
1 TL Rosmarin
1 TL Thymian
1 TL Chiliflocken
1 TL Paprikapulver (scharf)
1 TL Paprikapulver (edelsüß)
1 TL Knoblauchpulver
Olivenöl
Salz und Pfeffer
3 EL Maisstärke

Für den Hummus:
600 g Kichererbsen (Abtropfgewicht)
1-2 Knoblauchzehen, fein gehackt
6 EL Tahini
1 EL kaltgepresstes Olivenöl
½ EL Salz
60-80 ml Zitronensaft

Zum Servieren:
Olivenöl zum Beträufeln
1 TL Sesamsamen
1 Frühlingszwiebel

ZUBEREITUNG

Den Ofen auf 200 °C vorheizen. In der Zwischenzeit das Gemüse waschen, putzen und abtrocknen. Die Kichererbsen in einem Sieb gut abtropfen lassen und anschließend mit Küchenpapier trocken tupfen, damit sie beim Garen im Ofen knusprig werden. Den Blumenkohl in kleine Röschen teilen und die Kartoffeln je nach Größe vierteln oder halbieren. Blumenkohl, Kartoffeln und Kichererbsen in eine große Schüssel geben, alle Gewürze und Kräuter zugeben und gut vermischen. Etwas Olivenöl, Salz und Pfeffer zugeben und noch einmal umrühren. Zum Schluss die Maisstärke untermischen. Das Gemüse in eine gefettete Auflaufform geben und 20 Minuten im heißen Ofen backen. Herausnehmen und mit einem Messer prüfen, ob das Gemüse gar ist, falls nicht, weitere 10 Minuten im Ofen lassen.

Für den Hummus die Kichererbsen in einem Sieb gut abtropfen lassen. Den Knoblauch fein hacken und alles mit den übrigen Zutaten in ein hohes Gefäß geben. Mit einem Mixer fein pürieren. Für eine cremige Konsistenz bei Bedarf etwas eiskaltes Wasser einrühren.

Den Hummus auf Tellern verteilen und glatt streichen. Das Ofengemüse daraufgeben und alles mit etwas Olivenöl beträufeln. Mit Sesam und fein geschnittenen Frühlingszwiebeln bestreuen.

GÈNOVA

Cordula

und Familie

Für alle, die sich viel in der Sonne aufhalten und besonders für die, die in den Süden auswandern, spielt das Thema Hautschutz eine große Rolle. Gebräunte Haut ist natürlich etwas sehr Schönes und für viele sehr attraktiv. Aber wer sich zu oft ungeschützt der Sonne aussetzt, hat auch ein höheres Risiko, an Hautkrebs zu erkranken. Deshalb ist es wichtig, jährlich einen Hautcheck beim Hautarzt durchführen zu lassen. Während der Arbeit an diesem Buch auf Mallorca haben Stefan und ich auch über dieses Thema gesprochen und uns an einen Hautarztbesuch in Deutschland erinnert. Unser Dermatologe erzählte uns damals, dass sich eine ehemalige Kollegin auf Mallorca selbstständig gemacht hat und wir sie doch bitte grüßen sollen, wenn wir sie mal treffen. Tatsächlich war ich einmal mit meiner Tochter bei ihr in Behandlung, als sie für kurze Zeit in Darmstadt arbeitete, und konnte mich noch gut an die blonde, sympathische Ärztin erinnern. Ein paar Jahre später traf ich sie sogar zufällig auf dem Hippiemarkt Las Dalias auf Ibiza, wo sie mit einer Freundin für einen Tag zu Besuch war. Da ich ihren Vornamen kannte, machte ich mich im Internet auf die Suche. Direkt das erste Suchergebnis war ein Treffer: Mir wurde Dr. Cordula Ahnhudt-Franke empfohlen, die Praxis heißt „MySkin" und befindet sich in Bendinat. Wir riefen an und vereinbarten einen Termin für die nächsten Tage.

Cordula war genauso freundlich, wie ich sie in Erinnerung hatte. Da sie sich nicht mehr an unser Treffen erinnern konnte, war sie sehr überrascht über meinen Anruf. Das ganze Praxisteam war unglaublich höflich und hilfsbereit. Die Praxis selbst befindet sich in einem schönen zweistöckigen Gebäude in zentraler Lage. Sie ist modern eingerichtet und mit den neuesten medizinischen Geräten ausgestattet. Was mir sofort auffiel, waren die schönen frischen Blumen überall und die angenehmen Düfte. Trotz einiger wartender Patienten herrschte eine gewisse Ruhe und eine entspannte Stimmung. Auf dem Monitor an der Wand des Wartezimmers konnte man sich über alle Behandlungsmöglichkeiten rund um das Thema Hautgesundheit und Schönheit informieren.

Wegen verschiedener Hauttests mussten wir für zwei Stunden die Praxis verlassen, um im Tageslicht, aber nicht in der prallen Sonne zu sein. Im Erdgeschoss befindet sich „Ulli & Bel Decoracion", ein exklusives Interieur- und Designstudio, mit einem großen Glaspavillon im Außenbereich und einer kleinen Auswahl an Outdoormöbeln im Innenhof. Während wir draußen auf den Ausstellungsstücken saßen, entdeckte ich die vielen Stoffmuster im Pavillon und im Schaufenster des Ladens. Da wir immer auf der Suche nach ausgefallenen Stoffen für unsere Bücher sind, sah ich mich etwas genauer um. Als eine freundliche Dame aus dem Geschäft auf uns zukam, fragte ich sie, ob es ihr etwas ausmachte, wenn wir noch ein wenig blieben, und ob wir eventuell ein paar Fotos von den Stoffen machen dürften. Die Dame war die Besitzerin, die uns freundlicherweise sofort ihr Einverständnis gab und uns sogar einen Kaffee anbot. Sie war sehr zuvorkommend und lud uns in ihr Geschäft ein, um uns einige Raritäten handbemalter mallorquinischer Ikat-Stoffe zu zeigen, die man nur in ausgewählten Geschäften findet. Wir waren im Stoffparadies gelandet und sparten durch diese Begegnung enorm viel Zeit, denn eigentlich wollten wir uns in den nächsten Tagen auf die Suche nach ausgewählten Stoffen machen. Durch Zufall hatten wir sogar die Kamera dabei und so vergingen die nächsten zwei Stunden bis zur Weiterbehandlung wie im Flug.

Als wir ein paar Tage später zu einem neuen Termin in der Praxis waren, fragte ich Cordula ganz spontan, ob sie nicht Lust hätte, mit einem persönlichen Porträt in meinem Buch aufzutauchen, ich hätte noch ein paar Seiten frei und könnte ein kleines Kapitel unterbringen. Wir hatten beide einen vollen Terminkalender in der Hochsaison: Bei Cordula standen Kongresse im Ausland und eine mehrtägige Großveranstaltung in der Praxis an, ich hatte noch einige Recherchen für mein Buch zu erledigen. Mit dem vorgegebenen Zeitplan des Verlags also eine echte Herausforderung!

Mitte Oktober ging es dann ein letztes Mal für mein Buch nach Mallorca. Wir hatten noch vier Shootings und Interviews offen, für die die Porträtierten in der Saison leider keine Zeit hatten. Zuerst besuchten wir Cordula, ihren Mann Ole Franke und Cordulas elfjährige Tochter Hanna zu Hause in Gènova, einem Vorort von Palma. Das Haus, in dem sie leben, haben sie in den letzten drei Jahren aufwendig renoviert und in ein modernes Zuhause verwandelt. Es hat einen kleinen Garten, in dem Zitronenbäume wachsen, und vom Balkon aus kann man das Meer sehen. Wir besuchten sie an einem Samstagvormittag und es gab ein leckeres Frühstück, wie es die Familie unter der Woche täglich zu sich nimmt. Auch wenn am frühen Morgen wenig Zeit ist, soll es trotzdem gesund und sättigend sein. Zu meiner Freude gab es auch drei Katzen, für die ich mich natürlich als erstes interessierte. Fritzi ist mit 21 Jahren die Älteste. Sie ist taub und leidet an Arthrose, ist aber trotzdem glücklich in ihrer Familie und hat vor allem zu Cordula ein sehr inniges Verhältnis. Mimi, ein scheues Dickerchen, wurde vor elf Jahren als frischgeborenes Kätzchen aus einer Mülltonne gerettet, was im Süden leider häufig vorkommt, und Luki, ein Straßenkater mit Stummelschwanz, stand eines Tages vor der Tür und beschloss, Teil der liebenswerten Familie zu werden. Er wurde aufgenommen und bewacht nun den Eingang zum Haus.

Hanna war an diesem Morgen schon unterwegs und kam gegen Mittag nach Hause. Sie ist sehr aufgeschlossen und aktiv und hat neben der Schule noch einige Hobbys: Tanzen, Schwimmen, Ballett, Hockey und sie spielt seit vier

Jahren auch Klavier. Wenn alle Zeit haben, geht sie auch mit der Familie golfen. Sie wächst dreisprachig auf und Cordula findet, dass es für Kinder paradiesisch ist, auf Mallorca aufzuwachsen: Die Spanier sind einfach grenzenlos kinderlieb. Auch ihr liegen die Kinder besonders am Herzen und sie unterstützt verschiedene Hilfsorganisationen auf der Insel mit Sachspenden und oft auch mit kostenlosen Behandlungen.

Cordula stammt aus Leipzig und schloss 1997 ihr Medizinstudium an der Humboldt-Universität zu Berlin ab. Zahlreiche Studienaufenthalte führten sie ins Ausland, nach Kanada, in die USA und nach China. Ihr Wunsch und Ziel war es immer Hautärztin zu werden, ihre Facharztausbildung absolvierte sie u.a. an der Charité in Berlin. Direkt nach der Facharztausbildung wanderte sie nach Mallorca aus. Ihre Auswanderergeschichte begann mit nur einer Woche Urlaub – und es war keine Liebe auf den ersten Blick. Aber sie wusste schon damals, dass sie sich selbstständig machen wollte, die Frage war nur, wo. Es hatte sie schon immer in die Ferne gezogen und sie war schon um die halbe Welt gereist – vielleicht auch, weil sie in Ostdeutschland aufgewachsen ist und einen großen Drang nach Freiheit verspürte. Wohin sie ihr Weg führte, entschied sich letztlich durch Zufall und durch eine Anzeige im Ärzteblatt. Sie wusste, dass es nicht einfach werden würde, aber ihr Entschluss stand schnell fest. So eröffnete sie vor 21 Jahren ihre Praxis „MySkin“ in Bendinat.

Vor fünf Jahren wurde die Praxis vergrößert, als sie ihren jetzigen Mann Ole kennenlernte und sie gemeinsam beschlossen, aus der damals noch kleinen Praxis ein Unternehmen zu machen, das mittlerweile zehn Mitarbeiter beschäftigt. Ihre Berufung und Liebe zur Dermatologie, Lasermedizin und Ästhetik treibt sie immer wieder an, neue Techniken zu erlernen und zu etablieren. Mittlerweile kommen viele Menschen aus aller Welt zu ihr und sie bildet auch selbst Ärzte aus, was ihr große Freude bereitet. Die Praxis ist ganzjährig geöffnet und Cordula und ihre Kollegin Cora, eine junge Dermatologin aus München, haben alle Hände voll zu tun.

Wir verbringen einen gemütlichen, harmonischen Vormittag miteinander und auf meine Frage, wie sich Ole und Cordula kennengelernt haben, antwortet Cordula spontan und humorvoll: „Bei Tinder!“ Ich war total überrascht und beide erzählten mir von ihrer ersten Begegnung beim Lunch im Rialto Living in Palma,

mySkin

meinem Lieblingskaufhaus. Es hat sofort gefunkt und alles hat gepasst. Außerdem sind Ole und Hanna ein Herz und eine Seele. So entstand schnell eine kleine Patchworkfamilie, schon zwölf Monate später wurde die Praxis vergrößert und bald darauf auch geheiratet. Sie lieben das Leben auf der Insel, die Natur, die Berge, das Meer, das gute Wetter und die gute Küche. Es gibt wunderschöne Golfplätze für den Familiensport und Cordula übt ihren Traumberuf aus. All das gepaart mit ihrer beruflichen Leidenschaft ergibt eine unschlagbare Mischung, die sie anderswo nicht finden würden.

Trotzdem frage ich immer wieder nach der Zukunft, nach Träumen oder Zielen, und Cordula antwortet: „Darüber habe ich lange nachgedacht, ich bin ein ziemlich

bodenständiger Mensch, glaube ich. Ich muss nicht fliegen lernen oder sonst etwas Verrücktes machen. Ich bin glücklich mit meiner Familie, meiner Arbeit und meinem Leben. Vor allem wünsche ich mir Gesundheit und ein langes Leben, damit ich meine Enkelkinder aufwachsen sehen kann. Der Klimawandel und die damit verbundenen Naturkatastrophen machen mir große Sorgen und müssen uns zum Umdenken bewegen. Ich versuche meinen Teil dazu beizutragen. Seit dem Sommer fahre ich Elektroauto, unsere Praxis ist papierlos und wir setzen auf nachhaltige Materialien. Ich finde es wichtig, dass jeder einen kleinen Beitrag leistet!"

Dem kann ich nur zustimmen und wünsche ihr und ihrer herzlichen Familie, dass all ihre Wünsche in Erfüllung gehen!

Chia-Schoko-Pudding

Für 2 Personen | Süßspeise

ZUTATEN

50 g Chia-Samen
400 ml zuckerfreie Mandelmilch
2 EL Schoko-Proteinpulver
2 TL veganer Joghurt
verschiedene Beeren (z.B. Himbeeren, Heidelbeeren, Brombeeren)

ZUBEREITUNG

Chia-Samen, Mandelmilch und Schoko-Proteinpulver miteinander vermengen und in einem Glas oder einer Schale über Nacht im Kühlschrank quellen lassen.

Vor dem Servieren Joghurt den Pudding geben und mit den Früchten garnieren.

Cordulas gesunder Frühstücksnack, der lange sättigt!

PALMA

Ca n'Ela

Andrea & Ella

Das kleine gemütliche Restaurant in Palma ist mein ganz persönliches veganes Himmelreich und mit Abstand die beste Location für ein leckeres Mittagessen. Für 19 Euro bekommt man von 13–16 Uhr ein tolles Vier-Gänge-Menü zum Lunch, das an richtige Hausmannskost erinnert. Von 19–22 Uhr findet das Dinner mit raffinierten Gerichten statt, die toll angerichtet und à la carte serviert werden. Allerdings muss man für beides rechtzeitig reservieren, denn das Restaurant ist klein und die Plätze sind schnell ausgebucht. Wenn man mittags hier sitzt, schmeckt es nicht nur wie bei Mama, sondern man fühlt sich auch wie Zuhause. Und das hat einen guten Grund: Die Inhaberinnen dieser außergewöhnlichen Location sind Ella und Andrea, ein unschlagbares und unglaublich herzliches Mutter-Tochter-Team.

Ella Santioana wanderte mit ihrem Mann Loan und ihrer kleinen sechsjährigen Tochter Andrea vor ca. 25 Jahren von Rumänien nach Mallorca aus. Viele Verwandte lebten bereits auf der Insel und so fand die Familie schnell Anschluss und Arbeit. Ella beherrschte weder die englische noch die spanische Sprache, bekam aber eine Anstellung als Küchenhilfe im ersten vegetarischen Restaurant Palmas. Sie ist außergewöhnlich fleißig und talentiert, was dazu führte, dass sie immer öfter auch den Köchen zur Hand ging und nach ein paar Jahren zur Küchenchefin wurde. Das Kochen wurde zu ihrer großen Leidenschaft und sie kreierte immer wieder neue vegetarische, aber auch vegane Rezepte. Irgendwann spezialisierte sie sich dann auf die vegane Küche, weil die Nachfrage immer größer wurde und es viele zufriedene und glückliche Gäste gab.

Für Andrea wurde das Restaurant im Laufe der Jahre zu einer Art Zuhause, denn jeden Tag nach der Schule besuchte sie ihre Mutter und erledigte dort ihre Hausaufgaben. Durch diesen täglichen Aufenthalt lernte sie schnell die Abläufe in der Küche kennen und ihr Interesse für die Gastronomie wurde geweckt. Als sie mit 17 Jahren die Schule beendete, begann sie während der Sommermonate im gleichen Restaurant im Service zu arbeiten. Es machte ihr so viel Spaß, dass sie gar nicht mehr über einen anderen Beruf nachdachte und einfach blieb. Die Zeit verging wie im Flug und so arbeitete sie zwölf Jahre lang mit Ella zusammen im gleichen Betrieb. Dann kam Corona und wie auch in Deutschland wurden die Restaurants auf den Balearen für zwei Monate geschlossen, bevor es ganz langsam mit einem Take-away-Angebot weiterging. Leider reichten die Einnahmen aber nicht aus und der Eigentümer beschloss, das Restaurant zu schließen.

Wenn eine Tür sich schließt, öffnet sich oft eine andere, und genau so war es für Ella und Andrea. Sie wollten nicht lange untätig bleiben. Die beiden hatten bereits jahrelange Erfahrung in der Gastronomie und die Gäste liebten das köstliche vegane Essen von Ella. Warum also nicht ein eigenes Restaurant eröffnen? Sie machten sich auf die Suche nach einer geeigneten Location und sprachen mit Banken und Lieferanten. Durch Zufall fanden sie ein leerstehendes kleines Restaurant mit 25 Sitzplätzen. Diese sind über das Erdgeschoß und den ersten Stock verteilt, so dass lange Wege für das Servicepersonal entstehen, ganz besonders bei einem viergängigen Lunch. Die Küche ist winzig im Vergleich zu der Küche, in der Ella vorher gekocht hat, aber sie nahmen die Herausforderungen an und eröffneten im Mai 2021 ihr „Ca n'Ela vegan" und es wurde sofort ein voller Erfolg.

Wenn man als Gast einen Einblick in die kleine offene Küche bekommt, kann man wirklich nur staunen, wie diese Frau es schafft, dort zusammen mit ihren Helfern all diese göttlichen Mahlzeiten zuzubereiten. Schließlich stehen immer zwei verschiedene Menüs zur Auswahl, die täglich wechseln.

Die Gerichte sind saisonal, nachhaltig und mit frischen Produkten von der Insel zubereitet. Dass fast ausschließlich nach Reservierung gekocht wird, vereinfacht die Planung und alles was zubereitet wird, wird auch gegessen. Das Restaurant ist das ganze Jahr über geöffnet, nur an Sonntagen bleibt es geschlossen. Urlaub

Ca n'Ela
VEGAN CUISINE
16

CARRER
DE
VALLSECA
Local Kombucha

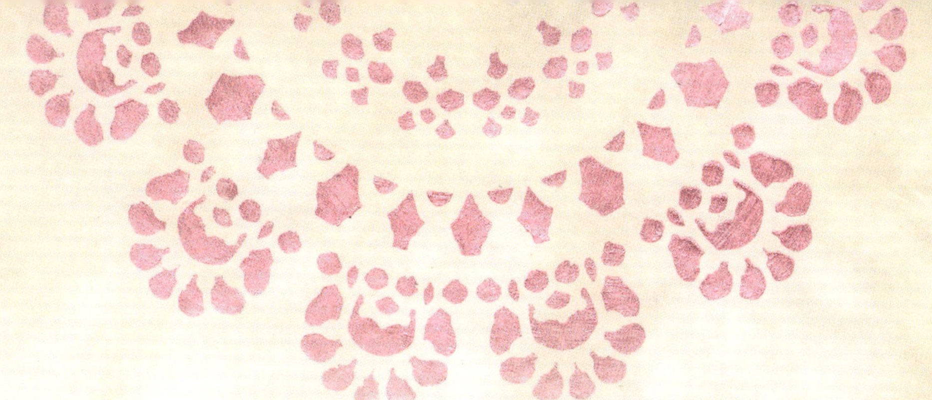

macht die Familie selten und wenn doch, dann nur abwechselnd Kurztrips. Dann vertritt Andrea ihre Mutter in der Küche, denn sie kann alle Rezepte nachkochen, und wenn Andrea weg ist, kommt eine Vertretung für den Service. Dennoch genießen sie die wenige Freizeit, die ihnen bleibt, auf der Sonneninsel und sie bereuen ihre Entscheidung keinen Moment. Ihr Arbeitsplatz befindet sich an einem wundervollen Ort, nicht weit vom Meer entfernt, in der Nähe der imposanten Kathedrale von Palma. In den romantischen Gassen der Stadt gibt es viele Shoppingmöglichkeiten, kleine Cafés, Eisdielen, Sehenswürdigkeiten und Kunstgalerien. Eine Vielzahl von Stammgästen kommt seit der Eröffnung regelmäßig und ist dankbar für dieses besondere, gesunde und leckere Essen.

Ich bin auf alle Fälle sehr dankbar, dass ich dieses Restaurant entdeckt habe, und es wird für mich keinen Urlaub auf Mallorca ohne einen Besuch im „Ca n'Ela" geben, sei es mittags oder abends. Ich fühle mich jetzt schon wie ein Teil der Familie, so liebevoll wurden wir dort aufgenommen. Im Laufe des Shootings probierten wir fast alle Gerichte und kamen uns schon wie Restauranttester vor. Wir hatten viele tolle Gespräche und Andrea erzählte uns auch von ihren Plänen für die Zukunft. Ihr Traum ist die Herstellung einiger Produkte für Supermärkte, wie zum Beispiel das leckere Hummus aus dem Restaurant oder auch weitere Dips, Gerichte oder Gebäck. Leider bleibt im Moment keine Zeit, um diese Pläne zu verwirklichen, aber sie arbeitet daran.

Mein Fazit als Restauranttesterin:
Super freundlicher Service, tolle Atmosphäre, sehr liebe Menschen und himmlisch-köstliches Essen! Probiert es einfach aus! Hier kommen definitiv nicht nur Vegetarier und Veganer auf ihre Kosten!

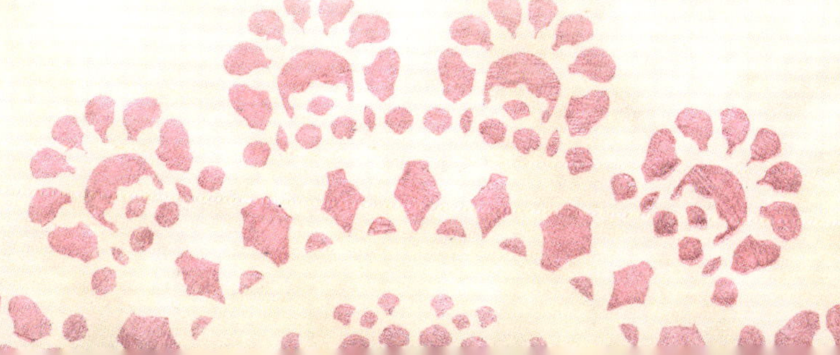

PALMA

Alexi

Dr. Alexismission e.V.

Es gibt viele verschiedene Berufsgruppen, die meines Erachtens nach größten Respekt verdienen – unter anderem Human- und Tiermediziner: Menschen, die Leben retten können. Für mich ist es schwer vorstellbar, wie man überhaupt in der Lage sein kann, zu operieren, sei es an Mensch oder Tier, und ich bin voller Bewunderung für diejenigen, die auf diesem Gebiet tätig sind. Wir retten selber Straßenkatzen auf Ibiza, aber bei verletzten Tieren verlangt uns das viel Kraft ab. Unsere kleine Tierschutzorganisation war auch der Grund, warum wir auf Alexi aufmerksam geworden sind: Meine Tochter traf sie eines Tages am Flughafen auf Ibiza, wo sie als Flugpatin für eine Katze fungierte. Kurz darauf adoptierte Alexi einen ganz besonderen roten Kater von der Insel, der alt und krank war und nicht länger auf der Straße überleben konnte. Er hatte das ganz große Los gezogen mit seinem neuen Leben in München und wir alle, die das auf Instagram verfolgten, freuten uns für ihn. Ich schrieb Alexi damals und bedankte mich dafür, dass wieder eine arme Katzeseele ein liebevolles Zuhause gefunden hatte. Wir tauschten unsere Nummern aus und blieben in Kontakt. Als ich den Vertrag für mein zweites Mallorcabuch erhielt, wusste ich sofort, wen ich porträtieren wollte. Alexi, geboren und aufgewachsen in München, ist eine sehr attraktive, blonde, große und schlanke Frau mit einer ganz besonderen Mission.

Von Kindheit an schlug ihr Herz für Tiere und sie spürte relativ früh, dass es ihre

Berufung war, Tieren zu helfen. Unmittelbar nach dem Abitur begann sie eine Ausbildung als Tierarzthelferin und als danach nicht gleich ein Studienplatz frei war, ging sie ins Ausland. Sie arbeitete zunächst in New York am Animal Medical Center, danach zog es sie in die Karibik. Direkt beim ersten Besuch im Jahr 1980 in der Dominikanischen Republik wusste sie, dass sie dort aktiv tiermedizinisch helfen wollte. Zurück in Deutschland begann sie sofort mit dem Studium. Während der Semesterferien war sie in Europa in Sachen Tierschutz unterwegs und half in Griechenland und Rumänien bei der Kastration von Straßentieren. Nach ihrem abgeschlossenen Studium promovierte sie und arbeitete in verschiedenen Tierarztpraxen als Assistenzärztin. Alexi wurde Mutter von zwei Kindern und einer Stieftochter, die ihr Ehemann in die Ehe brachte.

Schließlich eröffnete sie ihre eigene Praxis in München Bogenhausen. Auch während dieser Zeit zog es sie immer wieder in die Karibik, wo sie für verschiedene Vereine bei Kastrationskampagnen chirurgisch tätig war. Dann kam Corona und damit eine veränderte, bedrückende Grundstimmung: So wie auch viele andere Menschen regte dieses Zeit Alexi zum Nachdenken an. Welche Pläne für die Zukunft sollte sie weiter verfolgen, wie sollte ihre Zukunft aussehen? Immer größer wurde der Wunsch nach einer Veränderung. Sie wollte sich, jetzt wo die Kinder groß und aus dem Haus waren und nach 17 Jahren mit eigener Praxis, nunmehr Vollzeit um Straßentiere kümmern. Sie gründete 2020 ihren eigenen Verein Dr. Alexismission e.V. Zudem wollte sie auch eine Ortsveränderung, jedoch ohne zu große Entfernung zu ihrer Familie. Ihre Wahl fiel auf Mallorca, die Sonneninsel in den Balearen, die mit dem Flugzeug schnell erreichbar war und wo ihre Tochter Laura bereits seit langem eine zweite Heimat gefunden hatte.

Sie machte sich auf die Suche und fand ein schönes Zuhause für sich und ihre beiden geretteten Hunde und den Ibiza-Kater. Natürlich war sie auch dort sofort in Sachen Tierschutz unterwegs, denn die ersten halb verhungerten Straßenkatzen ließen nicht lange auf sich warten. Bald bildete sich eine kleine Katzenkolonie an ihrem Haus, die von ihr gefüttert wurde. Zudem sorgte Alexi dafür, dass die Katzen eingefangen und kastriert wurden. Auf privater Ebene und mit Hilfe der noch vorhandenen Kontakte zu Patienten aus ihrer Zeit in München hilft sie auch bei der Vermittlung von Hunden und Katzen aus den Tötungsstationen auf Mallorca, die hier leider noch immer existieren.

Dieses Shooting für mein Buch war eines der letzten vier auf Mallorca, denn Alexi war mehrere Wochen in der Karibik um

für ihre Foundation zu arbeiten. Als sie im Oktober zurückkam, verabredeten wir uns in ihrem neuen Domizil in Palma. Wie alle Porträtierten hatte auch sie schon viele Wochen zuvor die Rezepte für die Gerichte geschickt, die sie für das Buch vorbereiten wollte. Als wir gerade auf dem Weg zu ihr waren, klingelte das Telefon: Alexis Obsthändler hatte leider keine frischen Papaya vorrätig und eigentlich sollte es Ofengemüse und einen exotischen Papayasalat geben. In letzter Sekunde hatte sie aber einen Plan B und lud einen guten Freund ein, der einen anderen Salat zubereiten wollte. Mit René Kohler lernten wir einen weiteren unglaublich sympathischen Menschen kennen, der am Mittag mit seinem Hund Bruno und vollen Einkaufstaschen bei Alexi ankam und sich sofort in der Küche nützlich machte. Da er nicht nur Veganer ist, sondern auch toll kochen kann und unfassbar gut aussieht (weshalb er auch als Model arbeitet), schlugen wir zwei Fliegen mit einer Klappe und konnten die Männerquote des Buches etwas anheben, indem wir ihn gleich mitsamt seinen kulinarischen Köstlichkeiten fotografierten. Im nächsten Mallorcabuch habe ich gedanklich schon ein Kapitel für diesen attraktiven und liebenswerten Mann reserviert, denn auch über ihn gibt es Interessantes zu erzählen...

Er zauberte einen besonders köstlichen mediterranen Möhrensalat und gab uns auch sogleich das Rezept dafür. Alexi bereitete in der Zeit das Ofengemüse zu und da wir noch ein paar Avocados im Kühlschrank hatten, entstand zusätzlich in Gemeinschaftsproduktion eine improvisierte leckere Guacamole. Wir hatten einen wunderbaren und entspannten Tag, bei schönem Wetter mit Gleichgesinnten und gutem Essen, umgeben von dankbaren geretteten Tieren. Vitto, der Ibiza-Kater, ist inzwischen 18 Jahre alt und zum guten Freund der beiden adoptierten dreijährigen Hunde Cindy und Scoobidoo geworden, die Alexi aus unfassbar schlimmen Haltungsbedingungen in der Dominikanischen Republik gerettet und medizinisch versorgt hat.

Kurz nach unserem Besuch ist Alexi zum zweiten Mal Großmutter geworden, ihre Tochter Laura, die auch in Palma lebt, hatte Zwillinge bekommen. Ihre erste Enkelin ist inzwischen schon sechs Jahre alt. Sie ist die Tochter von Marie, Alexis Stieftochter, mit der sie nach wie vor ein ganz inniges Verhältnis hat. Ihr Sohn Mauro lebt weiterhin in München. Sie alle sind erwachsen und haben ihre eigenen Familien, sodass sich Alexi nun ganz ihrer Mission widmen kann. Es gibt viel zu tun, denn außer der aktiven Arbeit in der Karibik, wo sie inzwischen über ein gutes Netzwerk an Tierärzten und Pflegestellen verfügt, bleibt noch die administrative Arbeit im Büro und das Sammeln von Spenden, ohne die ein Verein nicht existieren kann. Nach unserem Treffen erhielt ich eine E-Mail von Alexi, in der sie auf ihre Arbeit aufmerksam macht und um Spenden bittet. Ich möchte sie gerne hier im Original anfügen, denn niemand beschreibt dieses Projekt so gut wie sie selbst. Und obwohl ich schon genau weiß, was sich Alexi wünscht (denn eigentlich wünschen wir Tierschützer uns alle das Gleiche), frage ich sie nochmal kurz zum Abschied nach ihren Träumen. Alexi hat ihre Antwort sofort parat: „Ich setze mir jedes Jahr neue Ziele für meine Mission. Ich bin ein ‚Starseed' und auf dem Planeten, um Tiere zu retten, und das werde ich tun, bis ich umfalle. Ich lebe immer im Hier und Jetzt. Die Zukunft ergibt sich für mich!"

NEVER
SAY
GOOD
BYE
NEVER

oo Young To Die

Dr. Alexismission e.V. – Eine Mission der Tierliebe und Hilfe

Liebe Tierfreunde!

Mein Name ist Dr. Alexandra Goergens und ich möchte Ihnen von einer Herzensangelegenheit erzählen, die mein Leben in eine völlig neue Richtung gelenkt hat. Viele Jahre lang führte ich eine erfolgreiche Tierarztpraxis in München-Bogenhausen, aber meine wahre Leidenschaft galt immer den Straßenhunden in der Dominikanischen Republik, jenen Tieren, die keine lauten Besitzerstimmen haben. Diese sanften Seelen sind genauso freundlich und friedlich wie die dominikanische Bevölkerung, die sie umgibt. Schon als junge Assistenzärztin widmete ich meine Freizeit dem Tierschutz und verspürte den Wunsch, besonders Tieren in Not zu helfen.

Im Jahr 2020 traf ich eine mutige Entscheidung: Ich schloss meine Praxis, um mich voll und ganz der Rettung und Versorgung von Straßenhunden in der Dominikanischen Republik zu widmen. Unsere Hauptziele sind die Eindämmung der unkontrollierten Vermehrung dieser Tiere, die Unterstützung einkommensschwacher Menschen bei der Behandlung ihrer kranken und verletzten Tiere sowie die Gewährung von Zuflucht und Hilfe für Tiere ohne Besitzer. Für diejenigen, die schreckliches Leid und Qualen erlitten haben, scheuen wir keine Mühen. Wir bringen sie sicher nach Deutschland und vermitteln sie in liebevolle Familien, in denen sie nie wieder Leid oder Gefahren erleben müssen.

2020 wagte ich einen weiteren Schritt und zog nach Mallorca, um auch hier vor allem Katzen in Not zu helfen. Obwohl wir nicht alle Tiere retten können, haben wir bereits viele Schicksale zum Guten gewendet. Doch wir können all dies nicht im Alleingang bewerkstelligen. Jeder Beitrag, mag er noch so klein erscheinen, zählt und kommt einem Tier in Not zu Gute. Möchten Sie mehr über unsere Arbeit erfahren oder uns unterstützen? Folgen Sie uns bitte auf Instagram unter @dr.alexismission oder besuchen Sie unsere Homepage unter www.docalexi.com. Gemeinsam können wir viel erreichen und jede Spende hilft dabei, das Leben von Tieren in Not zu verbessern. Wenn Sie spenden möchten, nutzen Sie bitte PayPal unter der E-Mail-Adresse dr.alexismission@web.de. Unser Verein ist als gemeinnützig anerkannt und wir können Spendenquittungen ausstellen.

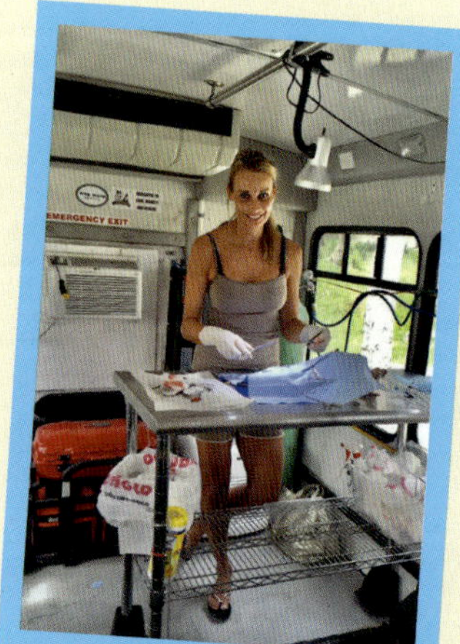

Vielen Dank, dass sie Teil unserer Mission sind. Gemeinsam können wir die Welt für die Tiere besser machen.

Mit herzlichen Grüßen
Dr. Alexandra Goergens

Mediterraner Möhrensalat

Für 4-6 Personen | Beilage

ZUTATEN

150 g Walnusskerne
800 g Möhren
2 mittelgroße rote Paprika
Saft von 1 Zitrone
1 große rote Zwiebel
3 Knoblauchzehen
frischer Koriander
grober bunter Pfeffer
schwarzes Himalaya-Salz
Olivenöl
Balsamico-Essig
(mind. 13 Jahre alt
oder wahlweise Crema)
8–10 Feigen zur Dekoration

ZUBEREITUNG

Die Walnusskerne ca. 10–12 Minuten bei 180 °C Ober- und Unterhitze im Ofen rösten, herausnehmen und langsam abkühlen lassen.

Die Möhren schälen und die Paprika waschen und putzen. Die Möhren raspeln, die Paprika von Samen und Scheidewänden befreien und fein würfeln. Beides in eine große Schüssel geben und den Zitronensaft darübergeben.

Die Zwiebel und den Knoblauch schälen und zusammen mit dem Koriander in einem Blitzhacker fein hacken. Alles zum Salat geben und vermengen. Nach Belieben mit grobem buntem Pfeffer und schwarzem Himalaya-Salz würzen.

Olivenöl und Balsamico über den Salat geben und alles nochmals vermengen. Die Feigen waschen und je nach Größe vierteln oder sechsteln. Die Feigen und die gerösteten Walnüsse vor dem Servieren auf dem Salat verteilen.

Hierzu passt eine einfache Guacamole.

Einfaches Ofengemüse

Für 3-4 Personen | Hauptgericht

ZUTATEN

2 Süßkartoffeln
2 Kartoffeln
5 Möhren
2 rote Beten
1 kleiner Brokkoli
Olivenöl
2 frische Chilis (wer es scharf mag)
6 Datteln
frische Kräuter, Gewürze, Salz und Pfeffer nach Belieben
veganer Feta oder Parmesan nach Belieben

Außerdem:
Backblech und Backpapier

ZUBEREITUNG

Den Backofen auf 180 °C Umluft vorheizen. Das Gemüse waschen und putzen, beide Kartoffelsorten, die Möhren und die rote Beete in Scheiben schneiden. Den Brokkoli in kleine Röschen teilen. In einer Schüssel mit Olivenöl beträufeln und würzen. Alles mit den Händen vermengen und auf einem mit Backpapier ausgelegten Backblech verteilen. Wer es scharf mag, die Chilis ganz klein schneiden und zusammen mit entsteinten und klein geschnittenen Datteln darauf verteilen. Falls gewünscht, zusätzlich den veganen Käse dazugeben.

Im Backofen ca. 35 – 45 Minuten knusprig backen.

Papaya-Tomaten-Salat

Für 2-4 Personen je nach Hunger | Beilage

ZUTATEN

6 Tomaten
1 große Papaya
2–3 Avocado
1 TL Paprikapulver
1 Prise Zimt
2 EL Schnittlauch
Olivenöl
Saft von 1 Zitrone
Salz

ZUBEREITUNG

Die Tomaten waschen und klein schneiden, Papaya und Avocados schälen, von Kernen und Stein befreien und in kleine Stückchen schneiden. Mit Paprikapulver und Zimt bestreuen, den Schnittlauch klein schneiden und alles zusammen mit Olivenöl und dem Zitronensaft beträufeln und durchmengen. Nach Belieben mit Salz abschmecken.

Am besten schmeckt das Ofengemüse mit verschiedenen Dips oder frischen Salaten aller Art! Dieses Gericht ist einfach und die Zutaten können je nach Saison und regionaler Verfügbarkeit abgewandelt werden.

IBIZA

Nevin
und Family

Es ist immer wieder verwunderlich, dass es Menschen gibt, die auf den Balearen leben, aber noch nie die Nachbarinsel besucht haben. Bei meinen Interviews für das Buch habe ich so viele Begegnungen gehabt mit Mallorquinern, Auswanderern oder Touristen, die noch niemals auf Ibiza waren. Umgekehrt ist es oft das Gleiche. Hier können viele Faktoren eine Rolle spielen, allen voran sicherlich der Zeitfaktor, obwohl es mit dem Flieger gerade mal 30 Minuten dauert und mit der Schnellfähre etwas über zwei Stunden. Gerade für Touristen bietet sich diese kurze Anreisezeit als abwechslungsreicher Tagesausflug an. Bei den Inselbewohnern handelt es sich eventuell einfach um mangelndes Interesse, denn wenn sie schon die Insel verlassen, dann ist es vielleicht reizvoller, nach Barcelona oder Madrid zu fliegen oder gleich in ein anderes Land in oder außerhalb Europas. Touristen haben natürlich fast immer eine Vorliebe für die eine oder andere Insel und möchten sie während ihres Urlaubs gar nicht verlassen oder einfach immer wieder an den Ort zurückkehren, den sie schon kennen und an dem sie eine schöne Zeit erleben durften. Leider gibt es aber auch Vorurteile, denn bei Ibiza ist es oft der Ruf der lauten Partyinsel und Mallorca sorgt mit dem „Ballermann“ für Ablehnung. In beiden Fällen sind dies aber keine Gründe, sich gegen einer dieser Inseln zu entscheiden, denn im Falle von Mallorca ist der Ballermann lediglich eine Partymeile, ein kleiner Teil der Playa de Palma. Auf Ibiza ist es dasselbe, die großen Clubs, in denen die berühmtesten DJs der Welt auflegen, sind bekannt und wer nicht feiern oder bei den lauten Bässen und Klängen der Musik einschlafen möchte, bucht sein Hotel oder sein Appartment an einem der zahlreichen ruhigen Orten der Insel, an denen man wunderbar entspannen und sich erholen kann.

Für mich persönlich sind beide Inseln wunderschön, jede auf ihre ganz eigene Art. Ibiza verfügt über mehr Buchten als Strände, aber beides sorgt für erholsame Strandtage. Mallorca und sein Tramuntanagebirge laden zum Wandern ein, aber auch Ibiza bietet ausgiebige Wanderrouten in bezaubernder mediterraner Landschaft. Es gibt Boots- und Jeeptouren, Heißluftballons, Alpaca-Farmen und jede Menge unvergessliche Sehenswürdigkeiten. Auf Mallorca sollte man unbedingt den zauberhaften Gebirgsort Valldemossa besuchen und auf dem Weg dorthin kann man sich gleich noch die Gärten von Alfabia ansehen. Auf Ibiza hingegen gibt es einen anderen Hotspot, die spektakuläre Felsen-Insel „Es Vedra", die vor Ibizas Westküste aus dem Meer ragt und der man magische Kräfte nachsagt. Hier finden Trauungen und andere Zeremonien statt und für viele Influenzer ist es der „Place to be". Beide Hauptstädte sind ein „Muss", denn die Alstadt von Ibiza ist Weltkulturerbe und Palma beeindruckt mit seiner imposanten Kathedrale.

Aber da gibt es eine Sache, die Ibiza von Mallorca unterscheidet, und das sind die legendären und weltweit bekannten Hippiemärkte. Die beiden größten Märkte Las Dalias in San Carlos und der Hippy Market in Es Canar ziehen seit den 1960er-Jahren Tausende von Touristen an. Hier tummeln sich seitdem Künstler, Bohemiens, Gypsys, Musiker, Spirituelle, Esoteriker, Alte, Junge und Kinder. Es ist verrückt, bunt, schrill, laut und leise! Ibiza ist international und mulitkulturell, aber auch berühmt für seine LGBT-Gemeinschaft sowie seine jährliche „Gaypride". Die Ibizencos sind sehr offen für die Vielfalt der Menschen und es gilt das ungeschriebene Gesetz „leben und leben lassen". Nicht nur die Hippiemärkte sind ein wahres Shoppingparadies, sondern auch Ibiza-Stadt lädt mit seinen unzähligen außergewöhnlichen Boutiquen und Geschäften zum Bummeln und Kaufen ein. Allerdings sollte man beachten, dass diese Läden meist in der Mittagszeit wegen der in Spanien üblichen Siesta geschlossen sind, dafür wird hier aber ausgiebig bis spät in die Nacht geshoppt.

Hier in der Altstadt Ibizas befindet sich auch der Laden unserer Tochter Nevin! Das grüne Schild über der Eingangstür mit dem rosa Schriftzug „Happy Hippie" ist unübersehbar. Im November 2021 kurz vor Weihnachten eröffnete sie ihr eigenes Geschäft und erfüllte sich damit

happy
hippie
HAPPY

einen großen Traum. Nevin lebt inzwischen seit zehn Jahren auf Ibiza, obwohl sie sich ursprünglich nur eine längere Auszeit auf der Insel nehmen wollte. Sie war erschöpft von ihrer damaligen Arbeit als Sachbearbeiterin beim Jobcenter und brauchte dringend einen Tapetenwechsel. Sehr schnell lernte sie Land und Leute kennen und verbrachte, wie sie es nennt, den „Sommer ihres Lebens" auf der Insel, sodass sie sich dazu entschloss, zu bleiben. Heute verkauft sie in ihrem Geschäft unter anderem natürlich unsere Kochbücher, aber auch die Pullover aus recycelter Baumwolle, welche wir seit 2013 unter unserem Label „Stars of Ibiza" produzieren.

Wegen der mangelnden Flugverbindungen während der Wintermonate bleiben die meisten Geschäfte außerhalb der Saison geschlossen. Da ist Mallorca eindeutig im Vorteil. Dennoch bleibt der Reiz des Winters auf Ibiza und wer keinen Zwischenstop scheut, der wird eine ganz andere Insel erleben. Man trifft kaum Touristen, aber trotzdem sind auch viele kleine Strandbars im Winter geöffnet und die Mandelblüte lädt zu ausgedehnten Wanderungen ein.

Im Winter widmen uns wir daher verstärkt den Straßenkatzen in Not auf der Insel. Nachdem Nevin eines Tages zwei kleine abgemagerte Kitten zugelaufen sind und sie sich über die Situation der Straßenkatzen Ibizas klar wurde, begann sie sich mehr und mehr im Tierschutz zu engagieren, bis wir im Jahr 2019 unseren Verein Happy Hippie Cats Ibiza e. V. gründeten. Seither unterstützen wir sie bei der Tierschutzarbeit, füttern und pflegen Streuner und ausgesetzte Katzen und widmen uns besonders in den Wintermonaten verstärkt den Kastrationskampagnen, denn das ist das grundlegende Problem bei der Population von Straßenkatzen nicht nur auf Ibiza oder auf Mallorca, sondern in allen Ländern dieser Erde.

Mitte März öffnen dann die ersten Läden wieder ihre Türen und wenn ihr dann zufällig auf der Insel seid, besucht Nevin dochmal in Ihrem „Happy Hippie" Laden in der Altstadt und nehmt ein wenig Love & Peace im Gepäck mit nach Hause!

Handmade Pullis
aus recycelter
Baumwolle!
IBIZA
is my religion

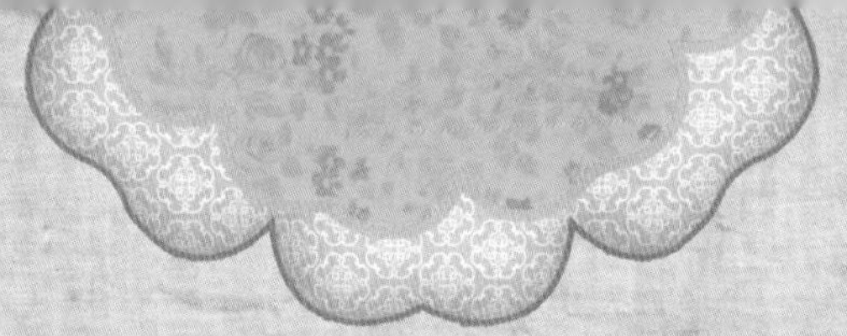

Mein beliebter Hefezopf

Für 4-6 Personen | Gebäck

ZUTATEN

70 g vegane Butter oder Pflanzenmargarine plus etwas zum Einfetten
300 ml Hafer- oder Sojadrink plus 1–2 EL zum Bestreichen
60 g Zucker
1 Würfel frische Hefe
550 g Weizenmehl plus etwas zum Kneten
1 TL Salz

Zum Bestreuen:
1–2 EL Sesamsaat

Außerdem:
Backblech
Backpapier
Backpinsel
Geschirrtuch
Kuchengitter

ZUBEREITUNG

Die Butter mit dem Pflanzendrink in einen kleinen Topf geben und so lange leicht erwärmen, bis sie geschmolzen ist. Den Zucker in eine kleine Müslischale geben und die Hefe darüber bröseln. Jetzt die warme, aber nicht heiße Butter-Pflanzenmilch-Mischung darüber gießen und ca. 15 Minuten stehen lassen.

Mehl und Salz in einer großen Schüssel mischen und in der Mitte eine Mulde formen. Die Hefemischung in die Mulde geben und nach und nach mit dem Mehl vermischen. Den Teig entweder mit dem Knethaken eines Handrührgerätes oder mit den Händen 10 Minuten kneten und anschließend auf der bemehlten Arbeitsfläche zu einer Kugel formen. Die Teigkugel zurück in die leicht bemehlte Schüssel geben und mit einem Küchentuch abdecken. Mindestens 1 Stunde an einem warmen Ort gehen lassen.

Meine Freunde und Familie verzehren den Zopf am liebsten ganz frisch und eventuell mit etwas veganer Butter, veganem Frischkäse und selbstgemachter Marmelade.

Den Teig nochmals durchkneten und in 3 gleich große Stücke teilen. Diese auf einer leicht bemehlten Arbeitsfläche zunächst zu drei Strängen ausrollen und anschließend zu einem Zopf flechten. Den Hefezopf vorsichtig auf ein mit Backpapier ausgelegtes Backblech geben, nochmals abdecken und ca. 15 Minuten gehen lassen. Den Backofen auf 180 °C vorheizen. Den Zopf mit der Pflanzenmilch bestreichen, mit Sesam betreuen und ca. 30 Minuten backen. Am besten am Ende der Backzeit den Zopf etwas anheben, um den Boden sehen zu können. Der sollte braun sein und sich fest anfühlen. Jetzt den Zopf aus dem Backofen nehmen und auf einem Kuchengitter abkühlen lassen.

DARMSTADT

Simone

Simone Ruths ist Designerin aus Leidenschaft und ohne sie würde es all meine Bücher nicht geben. Vor zehn Jahren haben wir uns zufällig bei einem Spaziergang im Park kennengelernt und sofort angefreundet. Schon kurze Zeit später verbrachten wir viel Zeit zusammen am Computer und aus Ideen wurden Projekte. Sie entwickelte das Corporate Design für unser Label Stars of Ibiza und auch für Nevins Happy Hippie Store in Ibiza-Stadt, wo es nun zahlreiche Dinge wie Plakate, Shirts, Hoodies und Postkarten mit dem einprägsamen Schriftzug gibt. Ehrenamtlich betreut sie das Design unserer Happy Hippie Cats.

Als ich damals den Auftrag für mein erstes Buch „Happy Hippie Cooking" bekam, musste ich sie daher nicht lange überreden mitzumachen. Wir waren Feuer und Flamme, hatten beide noch nie zuvor ein Buch gemacht, aber wir wagten es. Ich kannte die Menschen, die ich porträtieren wollte, schrieb die Geschichten und die Rezepte, mein Mann Stefan war für die Fotos zuständig und Simone schuf aus all diesem Material ein wunderschönes Buch. Obwohl wir fast nie zusammen sind, arbeiten wir Hand in Hand und eine Idee ergibt die nächste … es ist unfassbar, wie schnell und intuitiv sie all meine Wünsche umsetzt. Es macht einfach riesen Spaß und inzwischen ist hier unser viertes gemeinsames Buch entstanden und ich hoffe, es werden noch mehr.

Simone ist Mutter eines Sohnes, lebt in Darmstadt und liebt einfach kreatives Arbeiten. Ob Illustration, Grafikdesign oder Musik, in all dem tobt sie sich aus. Sie hat neben meinen noch zahlreiche weitere Bücher gestaltet und illustriert, mit einer Freundin ein eigenes Backbuch

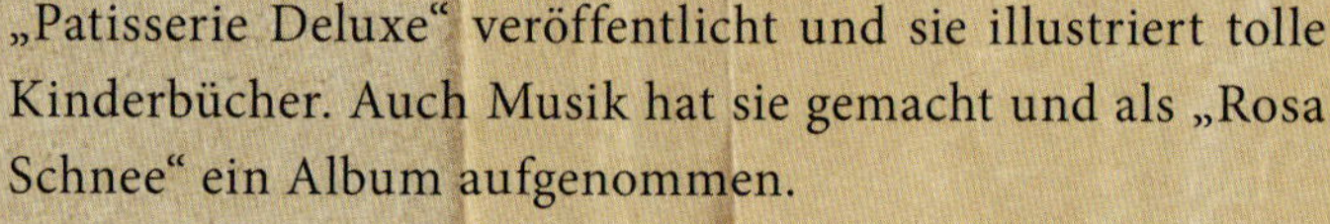

„Patisserie Deluxe“ veröffentlicht und sie illustriert tolle Kinderbücher. Auch Musik hat sie gemacht und als „Rosa Schnee“ ein Album aufgenommen.

Vor ein paar Jahren hat sie während der Pandemie ein ganz altes Hobby, die Malerei, wieder entdeckt. Gemeinsam mit ihrem Lebensgefährten Michael Kossowski malt sie unter dem Namen rosamiko Pop Icons - Menschen und Gesichter aus verschiedenen Genres. Was mit einem Kaffee begann, hat sich zu sowohl in der Arbeit als Künstlerkollektiv als auch im Privaten zu einer inspirierenden Beziehung entwickelt .

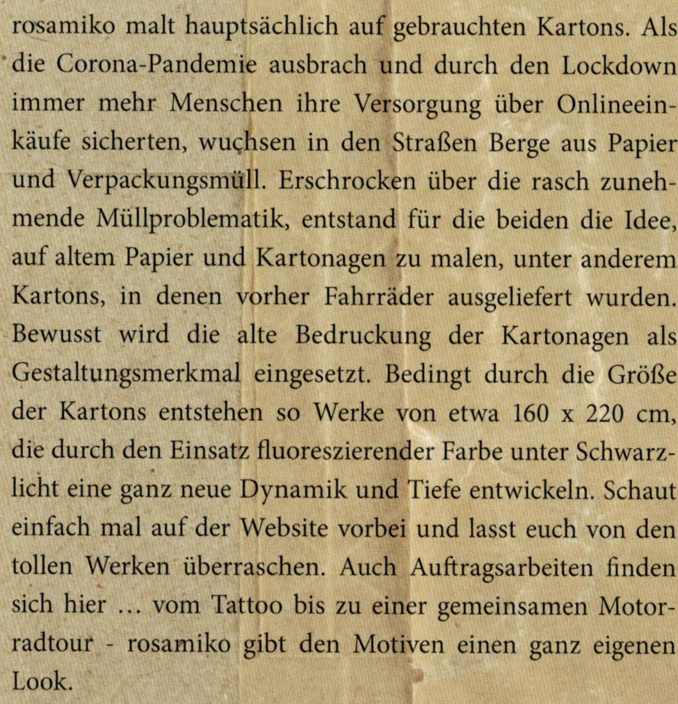

rosamiko malt hauptsächlich auf gebrauchten Kartons. Als die Corona-Pandemie ausbrach und durch den Lockdown immer mehr Menschen ihre Versorgung über Onlineeinkäufe sicherten, wuchsen in den Straßen Berge aus Papier und Verpackungsmüll. Erschrocken über die rasch zunehmende Müllproblematik, entstand für die beiden die Idee, auf altem Papier und Kartonagen zu malen, unter anderem Kartons, in denen vorher Fahrräder ausgeliefert wurden. Bewusst wird die alte Bedruckung der Kartonagen als Gestaltungsmerkmal eingesetzt. Bedingt durch die Größe der Kartons entstehen so Werke von etwa 160 x 220 cm, die durch den Einsatz fluoreszierender Farbe unter Schwarzlicht eine ganz neue Dynamik und Tiefe entwickeln. Schaut einfach mal auf der Website vorbei und lasst euch von den tollen Werken überraschen. Auch Auftragsarbeiten finden sich hier … vom Tattoo bis zu einer gemeinsamen Motorradtour - rosamiko gibt den Motiven einen ganz eigenen Look.

Simone ist einfach ein rundum kreativer und positiver Mensch und glaubt daran, dass unsere Welt durch Bücher, Kunst und Musik zu einem lebenswerteren und toleranteren Ort wird.

dEBBiE HARRY
2020

Willkommen in der Provence

PROVENCE

Sandra
und Yves

Wenn wir von Ibiza nach Deutschland reisen, fahren wir mit der Fähre nach Barcelona und von dort durch Frankreich in die alte Heimat. Das zauberhafte Bed & Breakfast „Fontaine de Cerier“ in Castillon du Gard erreicht man nach dem Verlassen der Autobahn schon nach ca. zehn Minuten Fahrt. Perfekt für einen Zwischenstopp in der Provence! Noch schöner ist es natürlich, wenn man hier seinen Urlaub verbringen kann, denn man fühlt sich wie „Gott in Frankreich“. Die beiden lieben Menschen, die hier ihre Gäste verwöhnen und für eine wunderschöne Zeit und kulinarischen Genuss sorgen, sind Sandra Pauleau-Vergin und ihr Ehemann Yves Pauleau. Sandra ist in Essen in Nordrhein-Westfalen geboren, Yves ist Franzose und stammt aus Paris.

Jahrelang war Mallorca Sandras liebstes Reiseziel und sie verbrachte viele Urlaube und Wochenendtrips auf der Baleareninsel. Ihre Nachbarn waren Frankreichliebhaber und brachten ihr regelmäßig schöne Dinge aus der Provence mit. Sie waren überzeugt, dass es auch Sandra dort gefallen würde, und ermutigten sie, sich die Côte d'Azur und vor allem Nizza anzusehen – sie würde es lieben! Und wie sollte es anders sein: Ihre Nachbarn sollten Recht behalten.

Ein paar Jahre später, am 14. Juli 2010, dem französischen Nationalfeiertag, verbrachte sie ihren Urlaub bei ihrer Freundin in Nizza, als diese ihr den attraktiven Yves vorstellte. Bei beiden war es Liebe auf den ersten Blick und vier Wochen später bekam Sandra einen Heiratsantrag von Yves per Handy. Damit nicht genug, reichte Yves auch direkt einen Antrag in Schriftform ein, den Sandra ihrem Vater vorlegen sollte und in dem Yves um die Einwilligung zur Hochzeit bat. Er war damals 54 Jahre alt und wohnte in Nizza, Sandra lebte in Jever in Deutschland. Yves wollte sein Leben ab sofort gemeinsam mit Sandra verbringen und für Sandra hätte es keinen schöneren Grund geben können, um nach Frankreich überzusiedeln. Schon am Valentinstag 2011 sollte die Hochzeit stattfinden.

Freud und Leid liegen aber leider oft eng beisammen und das Schicksal kann unbarmherzig zuschlagen: Kurz vor dem Hochzeitstermin verstarb Sandras Vater plötzlich und unerwartet und zwei Wochen nach der Beisetzung kam bereits der nächste Schock. Bei Sandra wurde Brustkrebs diagnostiziert. Es folgten Operation und Chemotherapie, aber für Yves war das kein Grund zu warten. Und so heirateten die beiden ein Jahr, nachdem sie sich hier kennengelernt hatten, am 15. Juli 2011 in Nizza. Am eigentlichen Tag ihres ersten Kennenlernens, dem 14. Juli, waren durch den Nationalfeiertag leider alle Behörden geschlossen. Im August fuhr Yves nach Deutschland und packte Sandras ganzes Leben in einen großen LKW und Sandra fuhr mit ihrem Beatle hinterher Richtung Nizza in ihr neues Zuhause. Nach der Strahlentherapie und ihrer Genesung wollte Sandra nicht länger untätig sein und begann mit der Betreuung der Ferienwohnungen ausländischer Eigentümer. Eines Tages kam sie mit einem Ehepaar ins Gespräch, das sie auf ihre Ernährung in Bezug auf die Brustkrebserkrankung ansprach. So wurde Sandra auf Rohkost- und vegane Ernährung aufmerksam. Sie besuchte Kurse und war so begeistert, dass sie sich innerhalb kürzester Zeit ein umfassendes Wissen auf diesem Gebiet aneignete, wodurch sie schon selbst bald Kurse geben konnte und von einer Kochschule auf Mallorca gebucht wurde. Von nun an war sie immer öfter auch wieder auf Mallorca, aber auch in Monaco, London und in Nizza fand sie viele Interessenten, die mit Begeisterung Kurse bei ihr buchten. Später kamen auch noch Kurse auf Yachten hinzu, denn es gab einige Küchenchefs, für die roh-vegane Küche Neuland war. Auch für Yoga-Retreats wurde sie gebucht und immer mehr Menschen begeisterten sich für ihre kulinarischen Genüsse, die nicht nur gesund waren und aussahen wie kleine Kunstwerke, sondern auch köstlich schmeckten. Zusätzlich veranstaltete sie einmal im Monat einen privaten Dinnerclub in ihrer Wohnung in Nizza, für den man rechtzeitig reservieren musste, denn die Plätze waren heiß begehrt.

Währenddessen ging Yves seinen beruflichen Aufträgen nach. Er war viel auf

BAR
DANCE LIKE
LOVE LIKE

Baustellen unterwegs und hatte durch die Baufirma seines Vaters handwerkliches Geschick erlangt. Seine Spezialgebiete sind Renovierung, Dekoration und die Koordination von ganz besonderen Renovierungsmaßnahmen, für die man nicht nur Kenntnisse der Elektrik, des Fliesenlegens oder anderer Bauarbeiten benötigt, sondern auch ein Händchen für Design und einen guten Geschmack. Yves ist in dieser Hinsicht ein wahrer Künstler und die von ihm geschaffenen Bäder und Wohnräume sind äußerst geschmackvoll. Die meisten seiner Kunden befinden sich in Nizza und Umgebung – heute freut er sich immer sehr, wenn er einen Auftraggeber in der Nähe seines Zuhauses in Castillon du Gard bekommt. Denn hier kann er nicht nur Zeit mit Sandra und ihrem Hund Night verbringen, sondern kümmert sich auch mit um den Garten und alle anfallenden Arbeiten rund um das Haus.

Der Wunsch nach diesem Rückzugsort ist bei beiden lange gewachsen: Sie wünschten sich einen Platz inmitten der freien Natur, mit einem kleinen Garten, in dem sie auch Kräuter und etwas Gemüse anbauen können. So fanden die beiden ihr Traumdomizil in Castillon du Gard in der Provence. Sandra kommt aus einer Familie, die über lange Jahre ein Restaurant geführt hatte, und eigentlich wollte sie nie selbst in der Gastronomie arbeiten. Trotzdem überkam sie jetzt der Wunsch nach einem Bed & Breakfast, in dem sie zusammen mit Yves in geschmackvollem Ambiente ihre Gäste verwöhnen wollte. Das Haus, das sie gefunden hatten, war perfekt dafür: Es verfügte über zwei Gästezimmer und einen schönen Pool mit dazugehöriger Poolbar und lag mitten in den Weinfeldern der Côtes du Rhône, in vollkommener Stille, aber gleichzeitig nicht weit weg von der nächsten Autobahn.

Im Februar 2016 zogen sie in die Provence und die Familie wurde im darauffolgenden Winter um ein Familienmitglied erweitert: Eines Tages im November fragte die Bäckerin, ob Sandra Lust hätte, mit ihr kleine Hunde anzusehen, denn sie wollte sich selbst einen aussuchen. Sandra hatte bis zu diesem Zeitpunkt nicht vor, sich einen Hund zuzulegen, aber sie ging mit. Als ihr Blick auf den kleinen schwarzen Welpen mit den eisblauen Augen fiel, der so alleine im Körbchen lag, erfuhr sie, dass ihn bisher niemand haben wollte. Am 19. Dezember, fünf Tage vor Weihnachten holte Sandra die kleine „Night" nach Hause und seither ist sie jedermanns Liebling. Das kleine exquisite Bed & Breakfast besteht mittlerweile schon in der achten Saison und es gibt einige Stammgäste, die schon seit der Gründung zweimal im Jahr ihren Urlaub hier verbringen. Auf Wunsch verwöhnt Sandra ihre Gäste mit einem wunderbaren Abendessen.

Sandra bereitet alles mit Hingabe zu und bietet natürlich auch weiterhin vegetari-

sche oder vegane Köstlichkeiten an, wie ihr an den tollen nachfolgenden Rezepten selber sehen könnt. Bei den Zutaten spielt Regionalität eine große Rolle: Frische Eier von freilaufenden Hühnern gibt es von umliegenden Betrieben, genauso biologisch angebautes Gemüse und handgemachten Käse. Die Nachbarn bringen von Zeit zu Zeit ein Huhn vorbei und der Förster, der durch dieses Gebiet streift, liefert Wildfleisch. Fleisch und Fisch gibt es ansonsten nur vom Wochenmarkt oder aus dem Feinkostladen. Für alle Weinliebhaber hat sie natürlich eine gute Auswahl an Weinen aus der Region vorrätig, Crémant und Champagner stehen selbstverständlich auch zur Verfügung.

Wir kommen seit drei Jahren hierher und bleiben meistens eine Woche. Natürlich erst am Ende der Saison, wenn auch auf Ibiza Ruhe einkehrt, oder auch mal im Dezember kurz vor Weihnachten auf der Durchreise nach Deutschland. Für uns ist es mittlerweile mehr als Urlaub, Sandra und Yves sind zu Freunden geworden und es gibt so viele schöne Plätze, die man von hier aus besuchen kann. Uzès oder Avignon, zwei zauberhafte Städte, liegen keine 20 Minuten entfernt oder man besucht mittwochs den Wochenmarkt in Saint-Rémy-de-Provence. Auch die Camargue mit ihren schönen Stränden, den weißen Pferden und den Flamingos ist nur eine Stunde entfernt. Rotwein und lange Spaziergänge sind weitere gute Gründe für einen Aufenthalt, aber für mich ist es auch das köstliche Frühstück mit den selbst gekochten Marmeladen, dem hausgemachten Granola oder dem leckeren Baguette, für das Frankreich bekannt ist – oder einfach der „Duft der Provence"!

Hierzu schmeckt ein
Algentartar (S. 194),
veganes Pesto oder ein veganer
Dip! Alternativ kann für
die schnellere Variante
eine Rolle veganer Fertigteig
verwendet werden!

Gestürzte Möhrentarte (Tarte tatin aux carottes)

Für 1 Tarteform (ca. 28 cm) | Hauptgericht

ZUTATEN

Für den Teig:
250 g Mehl
1 Prise Fleur de Sel
80 ml Olivenöl
1 Ei-Ersatz
(z.B. 1 EL Chiasamen gemischt mit 3 EL Wasser)
2 EL lauwarmes Wasser

Zutaten für den Belag:
1 Bund frische Bio-Möhren
190 g Zucker
1 Packung veganer Feta (geeignet zum Backen)
1 TL getrocknete Minze
1 TL Kreuzkümmel
Salz und frisch gemahlener Pfeffer
1-2 EL Olivenöl zum Bestreichen
1 kleine Handvoll gehackte Haselnüsse
frische Minze und/oder einige essbare Blüten zum Garnieren

Außerdem:
Tarteform (Ø ca. 28 cm)
Backpapier und Backpinsel

ZUBEREITUNG

Alle Zutaten für den Teig in einer Schüssel miteinander vermengen und mit den Händen zu einem glatten Teig kneten. Dann für mindestens 30 Minuten kalt stellen. Den Backofen auf 200 °C Ober- und Unterhitze vorheizen.

Die Möhren schälen, halbieren und in einem großen Topf mit Wasser ca. 10 Minuten vorkochen, abgießen und abtropfen lassen. In einer großen Pfanne den Zucker schmelzen und leicht karamellisieren lassen, die abgetropften Möhren darin so lange wenden, bis sie vollkommen mit dem Karamell überzogen sind, und dann in der Tarteform nebeneinander anrichten. Den veganen Feta mit den Fingern zerkrümeln und über die Möhren geben. Mit der getrockneten Minze, dem Kreuzkümmel und Salz und Pfeffer würzen.

Den Teig zwischen zwei Lagen Backpapier rund und dünn ausrollen und vorsichtig die Möhren in der Form damit bedecken und am Rand nach innen festdrücken. Den Teig mit dem Backpinsel mit Olivenöl bestreichen und die Tarte im heißen Ofen ca. 40 Minuten backen, bis der Teig goldbraun ist. Aus dem Ofen nehmen, 5 Minuten ruhen lassen, die Tarte vom Rand der Form lösen und ganz vorsichtig auf einen großen Teller stürzen. (Achtung, Verbrennungsgefahr!)

Die Tarte mit den gehackten Haselnüssen und den essbaren Blüten garnieren und gleich servieren.

Avocado-Rote-Bete-Türmchen

Für 4 Personen | Beilage oder Vorspeise

ZUTATEN

2 Avocados
2 Rote Beten (vorgekocht)
1 Handvoll bunte Cocktailtomaten
50 g veganer Feta
1 EL Kürbiskerne
Sprossen oder Mikrogrün
essbare Blüten nach Belieben

Für das Dressing:
8 EL Olivenöl
3 EL Apfelessig oder weißer Balsamico-Essig
1 gehäufter TL Dijon-Senf
1 kleine geriebene Knoblauchzehe
Salz
frisch gemahlener Pfeffer
1 Prise Kräuter der Provence

ZUBEREITUNG

Die Avocados halbieren, entsteinen und das Fruchtfleisch mit einem Esslöffel vorsichtig herauslösen. Die Avocados in 0,5 cm dicke Scheiben schneiden. Die Rote Bete ebenfalls in gleich dicke Scheiben schneiden.

Für jede Portion jeweils ca. 5 Scheiben Avocado und Rote Bete abwechselnd aufeinanderlegen, sodass kleine Türmchen entstehen. Die Cocktailtomaten waschen, halbieren und um das Türmchen herum anrichten. Dann den Feta mit den Fingern zerkrümeln und mit den Kürbiskernen über die Tomaten geben. Die Türmchen nach Belieben mit Sprossen, Mikrogrün oder essbaren Blüten garnieren.

Für das Dressing alle Zutaten gut verrühren und in kleinen Schälchen neben den Türmchen platzieren.

Algentartar

Für 2 Schraubgläser à 400 g | Dip

ZUTATEN

300 g frische Algen (idealerweise drei verschiedene)
2 TL Salzkapern
2 Knoblauchzehen
1 Schalotte
1 Nori-Algenblatt
½ Salzzitrone, entkernt (aus dem orientalischen Supermarkt, wenn keine zur Hand, bitte weglassen und nicht durch eine herkömmliche Zitrone ersetzen)
1 EL getrocknete Tomaten
1 Handvoll frische Petersilie
200 ml natives Olivenöl extra
1 EL Apfelessig
1 EL Zitronensaft
frisch gemahlener Pfeffer
1 TL gemahlener Koriander

Außerdem:
Holzbrett
großes scharfes Messer oder Küchenmaschine mit S-Klinge und Pulse-Funktion.

ZUBEREITUNG

Die frischen Algen mit den Salzkapern gut waschen und anschließend ca. 30 Minuten in Wasser quellen lassen, dann ausdrücken. Die Knoblauchzehen und die Schalotte schälen und fein hacken. Die restlichen Zutaten ebenfalls sehr fein hacken und mit dem Öl, dem Apfelessig und dem Zitronensaft gut vermischen.

Alle Zutaten in ein hohes Gefäß geben und mit dem Pürierstab fein pürieren. Eventuell noch etwas mehr Olivenöl zugeben. In einem Schraubglas im Kühlschrank ist das Algentartar ca. eine Woche haltbar.

Ein wunderbarer Dip, der zu rohem Gemüse oder Bratkartoffeln oder auch als Aufstrich schmeckt

Vegane Mousse au Chocolat

Für 4 Personen | Süßspeise

ZUTATEN

Für die Mousse:

5-6 Medjool-Datteln
3 reife Avocados
60 g Rohkakaopulver
1 EL Lucuma
½ Tasse gefiltertes Wasser
2 EL Kokosblütenzucker oder Honig
1 TL Vanille-Extrakt
1 Prise Fleur de Sel
1 EL Kokosöl

Für die Dekoration:
Beeren
Orangenfilets
gehackte Pistazien
essbare Blüten

Außerdem:
Hochleistungsmixer inkl. Tamper (alternativ leistungsstarker Pürierstab)

ZUBEREITUNG

Die entsteinten Datteln in einer Schüssel geben, eine Tasse Wasser zugeben und ca. 6 Stunden einweichen lassen. Die geschälten und entsteinten Avocados mit dem Kakao, Lucuma und der Hälfte des Einweichwassers im Hochleistungsmixer pürieren. Danach die Datteln mit dem restlichen Einweichwasser, dem Kokosblütenzucker, Vanille und Fleur de Sel zugeben und cremig mixen, ggf. den Tamper benutzen. Kokosöl zugeben und erneut mixen.

In einem verschlossenen Behälter mindestens 5 Stunden im Kühlschrank ruhen lassen.

Die Mousse mit zwei Esslöffeln zu Nocken formen, auf Tellern anrichten und mit den Beeren, den Orangenfilets, Pistazien und Blüten dekorieren.

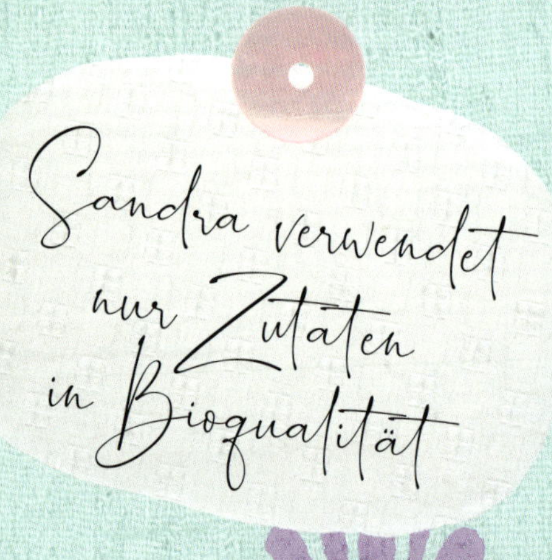

Extra cremiges Pistazieneis

Für 6 Personen | Süßspeise

ZUTATEN

Für das Eis:
300 ml Reis-Kokosdrink
(oder anderer Pflanzendrink)
100 g naturbelassene Pistazienkerne
80 g ungesalzene Cashewkerne
1 EL Pistaziencreme
45 g Zucker
1 TL Vanille-Extrakt
1 kleine Prise Salz
60 g geröstete und gehackte Pistazienkerne (ungesalzen)

Außerdem:
Powerblender
Eismaschine oder Sorbetiere

ZUBEREITUNG

Alle Zutaten bis auf die gerösteten Pistazien in den Powerblender geben und solange mixen, bis eine glatte Masse entsteht. Diese abgedeckt im Kühlschrank mindestens zwei Stunden kaltstellen.

Eismaschine oder Sorbetiere vorbereiten, die Flüssigkeit einfüllen und ca. 15–20 Minuten verarbeiten. Dann die gerösteten Pistazien zugeben und weitere 5 Minuten bis zur gewünschten Eiskonsistenz verarbeiten. Das Eis portionieren und servieren.

Nach Belieben mit Früchten, Saucen oder veganer Sahne garnieren.

Das Eis kann im verschlossenen Behälter eingefroren werden, dazu am besten ein Stück Backpapier direkt auf die Eisoberfläche legen

Adressen

SABINE
Sabine Klingebiel
Puerto de Raya
Isaac Peral 12
07157 Port d'Andratx
info@puertoderaya.com
Instagram: puerto_de_raya

TANYA
Tanya Klingler
tanyaklingler@gmx.net
Instagram: room_84

ACHIM & FAMILY
Joachim Bähre
hollyfood04@web.de

ELKE
Elke Dombrowski
Tortuga
Carrer des Centre 7
07850 Capdepera
info@tortuga-capdepera-com
Instagram: tortuga.capdepera
www.tortuga-capdepera.com

ROSA & CLAUDIO
Rosa Asturias
rosadetassili@hotmail.com
Instagram: greenrepublic_
Claudio Bellezza
Instagram: claudioblzz

SILVI & IMRE
Silvi & Imre Schmiedl
i.s.schmiedl@hotmail.com
Instagram: silvischmiedl

JARDINES DE ALFABIA
(Bunyola)
Carretera Palma-Sollér, km 17
07110 Illes-Baleares

MARIA
Maria Gwosdz
Naturart S.L.
DomusART Mallorca
Calle Ciutat 12
07570 Artà
info@domusartmallorca.com
www.Domusartmallorca.com

DOREEN
Doreen Ihme
Art Loft Palma by Doreen Art
Carrer dels Paraires 6
07001 Palma
www.doreen-art.com
Instagram: doreen_art_gallery

CONSTANTIN & FERRAN
Constantin Szarawarski
Ferran Serra
POP Mallorca
Interior Design & Conceptstore
Calle Concepcion 28A
bajos esquina
07012 Palma de Mallorca
doscreativosmallorca@gmail.com
Instagram: pop_mallorca

CORDULA & FAMILY
Dr. Cordula Ahnhudt-Franke
MySkin Dermatology
Plaza Bendinat 14-16
C/Arquitecto Francisco Casas 17
07181 Bendinat
Tel. 0034-971 700 777
info@myskin-mallorca.com
www.myskin-mallorca.com
Instagram: myskinmallorca

CA N'ELA
Andrea Santioana & Ella Santioana
Canela Vegan Restaurant
C/de la mar 16 (Lonja)
Palma de Mallorca
elaveganrestaurant@gmail.com
Tel. 0034-871 77 66 53
Instagram: canelaveganrestaurant

ALEXI & DR. ALEXISMISSION E.V.
Dr. Alexandra Goergens
Dr. Alexismission e.V.
Gemeinnützige Organisation
alhego@web.de
Instagram: dr.alexismission

RENÉ KOHLER
Model / Seite 163
rene.kohler@pm.me
www.rene-kohler.com
Instagram: rene.kohler.1102

NEVIN & FAMILY
Nevin Nikolai
Happy Hippie Ibiza
Calle José Verdera 13-15
07800 Ibiza
Instagram: happy_hippie_ibiza

www.starsofibiza.de
mail@starsofibiza.de
Instagram: starsofibiza

Happy-Hippie-Cats-Ibiza e.V.
www.happy-hippie-cats.com
mail@happy-hippie-cats.com

SIMONE
Simone Ruths
www.rosavision.de
ruths@rosavision.de

Künstlerkollektiv rosamiko
Simone Ruths & Michael Kossowski
www.rosamiko.de
mail@rosamiko.de

SANDRA & YVES
Sandra Pauleau-Vergin
Yves Pauleau
contact@fontainedecerier.com
www.fontainedecerier.com
Instagram: fontainedecerier

Register

Vorspeisen & Salate

Hauptspeisen & Beilagen

Süßspeisen, Kuchen & Gebäck

Dips

Drinks

Danke

Mein erster Dank geht wie immer an meinen großartigen Verleger Wolfgang Hölker und dessen zauberhafte Frau Siggi Spiegelburg. Zwei ganz besondere Menschen, die mir großes Vertrauen schenken und die Möglichkeit geben, mein viertes Inselkochbuch zu veröffentlichen. Ich hoffe, es werden noch einige folgen!

Einen riesengroßen Dank an die beste Grafikerin der Welt und gute Freundin Simone Ruths, die aus all dem Bildmaterial, den Geschichten und Rezepten, die ich ihr liefere, diese tollen Seiten gestaltet und mein Buch damit zum Leben erweckt hat. Danke an den besten Ehemann Stefan Clörs, der mich bei allen Shootings mit der Kamera begleitet und all die wunderschönen Fotos macht, und an unsere Tochter Nevin Nikolai, die mir mit Rat und Tat am Computer zur Seite steht!

Ein ganz großes Danke an meine Lektorin und die Programmleitung im Hölker Verlag Franziska Grünewald, die uns bei der Gestaltung des Covers und der Titelauswahl unterstützt hat. Obwohl wir wie immer unter Zeitdruck waren, beeinträchtigte dieser keineswegs den Spaß bei der gemeinsamen Arbeit an diesem neuen Buch. Franziska, Simone und ich sind mittlerweile ein wunderbar eingespieltes Team, worüber ich mich sehr freue. Danke auch an Krystel Klinkert aus dem Vertrieb, die ihr Bestes gibt, um alle Kunden im Ausland mit meinem Buch zu versorgen.

Ich danke unseren lieben Freunden Susanne Bähre und Sebastian Goder, die uns ihr kleines Fischerhäuschen in Portixol in den Sommermonaten zur Verfügung gestellt haben. Dieser Rückzugsort während der Buchproduktion war ganz wunderbar, um mit der nötigen Ruhe an unserem Buchprojekt zu arbeiten. Danke an meine Familie in Deutschland, meine Schwester Gudrun, meinen Bruder Werner und unsere liebe Mama, die Verständnis dafür haben, dass ich längere Zeit nicht zu Besuch kommen kann.

Ein ganz großes Dankeschön an alle Mitwirkenden in diesem Buch – für ihr Vertrauen, die schöne Zeit, die wir miteinander verbracht haben, und die wunderbaren Erzählungen. Und nicht zuletzt: Danke für die leckeren Rezepte!

Selbstverständlich auch Danke an meine lieben Leserinnen- und Leser für euer Interesse an meinen bunten Büchern, die etwas mehr Farbe ins Leben und eine Portion Buntes auf den Teller zaubern! Ihr seid die Menschen, für die ich diese Bücher schreibe! Ich wünsche euch schöne Momente beim Lesen, Kochen und Genießen!

Impressum

5 4 3 2 1   28 27 26 25 24
ISBN 978-3-7567-1039-3

KONZEPT, TEXTE UND REDAKTION: Elke Clörs

FOTOGRAFIE: Stefan Clörs (www.starsofibiza.de)
S. 29, 33 Tanya Klingler, S. 65, 68, 69 Claudio Bellezza, S. 108 Maria Gwosdz, S. 124, 125 Constantin Szarawarski, S. 160, 161 Alexandra Goergens, S. 176 Michael Kossowski

LAYOUT, COVERGESTALTUNG, ILLUSTRATION UND SATZ: rosavision, Simone Ruths, www.rosavision.de

WEITERE ILLUSTRATIONEN: www.freepik.com

STOFFE: Ulli & Bel Decoración S.L. Interior Design Studio, Bendinat, ulli@ullibeldecoracion.com

REDAKTION: Franziska Grünewald

KORREKTORAT: Brigitte Rüßmann & Wolfgang Beuchelt, Scriptorium

HERSTELLUNG: Dana Günther

LITHO: FSM Premedia GmbH & Co. KG

www.hoelker-verlag.de